南武線、鶴見線
青梅線、五日市線

1950〜1980年代の記録

南武線のオレンジ色103系。101系化された南武線への103系投入は1982年7月から始まった。
南武線のラインカラーは中央総武線各駅停車と同じイエロー（カナリヤ色）だが、中央快速線からオレンジ色の103系も転入した。◎府中本町―分倍河原　1986年8月　撮影：太田正行

CONTENTS

カラー写真で見る南武線、鶴見線、青梅線、五日市線	6
南武線・鶴見線・青梅線・五日市線の時刻表	16

南武線

南武線の歴史	18
川崎	20
尻手、矢向、鹿島田	24
八丁畷、川崎新町、小田栄、浜川崎	26
平間、向河原	28
武蔵小杉、武蔵中原、武蔵新城	30
武蔵溝ノ口	32
津田山、久地、宿河原	34
登戸	36
中野島、稲田堤、矢野口、稲城長沼、南多摩	38
府中本町、分倍河原、西府	40
谷保、矢川、西国立	42
立川	44

鶴見線

鶴見線の歴史	48
鶴見、国道、鶴見小野、弁天橋	50
浅野、安善、武蔵白石	54
浜川崎、昭和、扇町	56
新芝浦、海芝浦、大川	58

青梅線、五日市線

青梅線の歴史	60
立川	62
西立川、東中神、中神、昭島	66
拝島	68
五日市線の歴史	69
牛浜、福生、羽村、小作	72
河辺、東青梅、青梅	74
宮ノ平、日向和田、石神前、二俣尾	76
軍畑、沢井、御嶽	78
川井、古里、鳩ノ巣、白丸	80
奥多摩	82
熊川、東秋留、秋川、武蔵引田、武蔵増戸	84
武蔵五日市	86

南武線のラインカラーはイエローでカナリヤ色ともいわれた。101系の立川行。◎府中本町ー分倍河原　1986年8月　撮影:太田正行

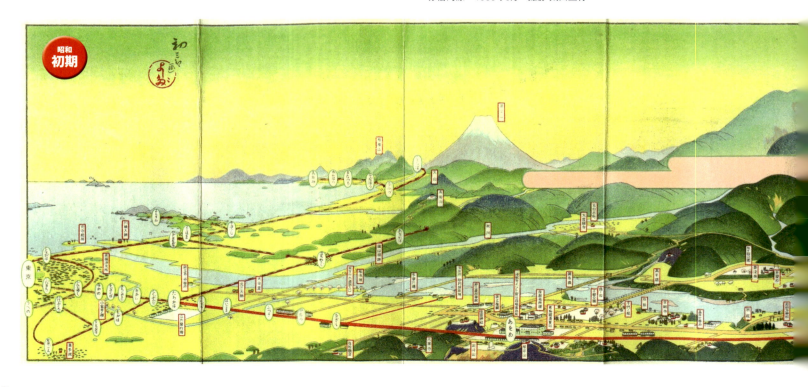

奥多摩の緑に囲まれた軍畑の鉄橋を渡るクモハ73先頭の立川行。1960年代後半から20m車のモハ72系が中心になった。

■青梅鉄道の沿線案内図

昭和初期の青梅電気鉄道の案内図。二俣尾まで開通し、そこから先は石灰石工場の専用線が延びている。御岳山と山頂の神社も描かれているが五日市鉄道の記載はない。関係があまりよくなかったことの反映か。

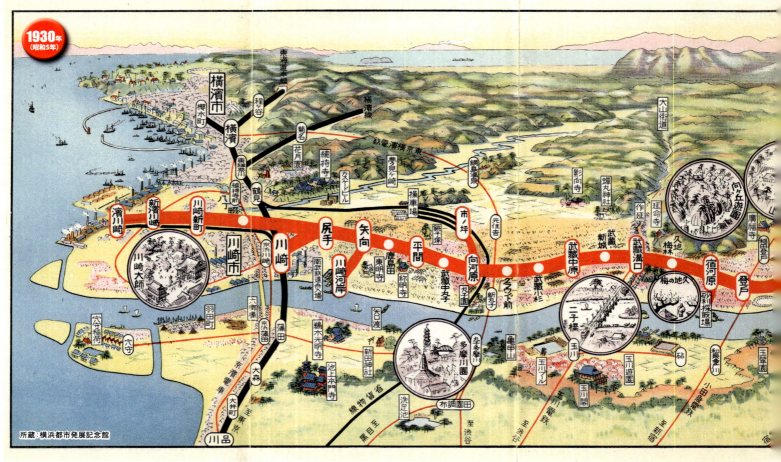

カラー写真で見る南武線、鶴見線、青梅線、五日市線

■南武鉄道の沿線案内図

1927年（昭和2年）

南武鉄道の川崎－登戸間が開通した際の沿線案内図。登戸－立川間、府中－国分寺間、尻手－浜川崎間の予定線が描かれている。京浜電気鉄道（京急）、東京横浜電鉄（東急東横線）は開通しているが、小田原急行（小田急）は予定線になっている。川崎大師－総持寺前（鶴見）間には海岸電気軌道があった。

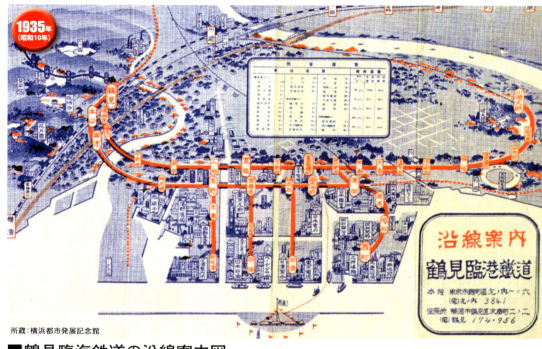

1935年（昭和10年）

所蔵：横浜都市発展記念館

■鶴見臨海鉄道の沿線案内図

鶴見臨港鉄道の沿線案内。安善からの石油支線も存在している。平行して海岸電気軌道があって京浜電気鉄道の中古車両が走っていたが、1930年に鶴見臨港鉄道に合併され、1937年に廃止された。武蔵白石－渡田（現・浜川崎）の間に海水浴前駅があり扇島への船がでていた。

■南武鉄道の沿線案内図

南武鉄道全線開通後の沿線案内図。矢向－川崎河岸、向河原－市ノ坪間の貨物線も開通し、小田急や新鶴見経由の国鉄貨物線も開通している。沿線名所も描かれているが神社仏閣が中心である。鶴見臨港鉄道は描かれていない。

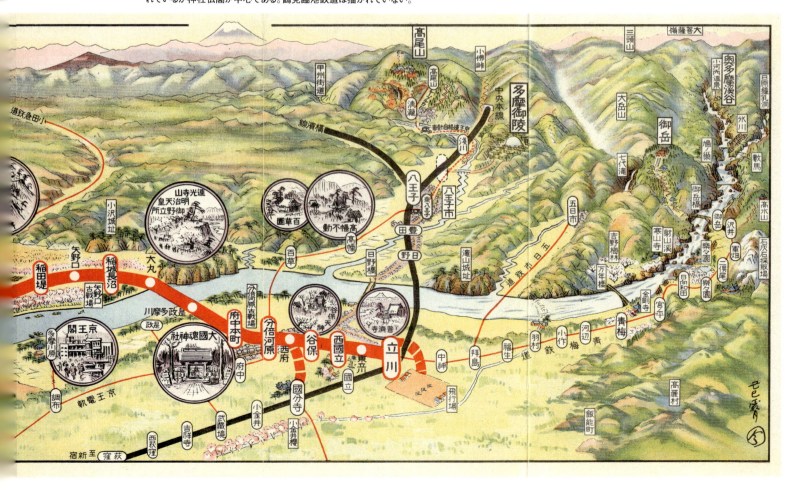

カラー写真で見る南武線、鶴見線、青梅線、五日市線

1964年（昭和39年）

久地付近をゆく17m車の2両編成。武蔵溝ノ口ー宿河原間の複線化は1960年。先頭は昭和初期製造のダブルルーフ（二重屋根）のモハ30を制御車にしたクハ16形100番台。
撮影：荻原二郎

1964年（昭和39年）

南武支線の尻手ー浜川崎間では、昼間、クモハ12が1両で往復していた。尻手駅。
撮影：荻原二郎

1980年（昭和55年）

浜川崎で停車中の尻手行、このホームは今でも変わっていない。17m車2両で、先頭はクモハ11（200番台、旧モハ31）。
撮影：荻原二郎

1998年（平成10年）

向河原駅ホームをゆっくりと進む石灰石列車。機関車の後部に石灰石を積んだホキ9500が続く。
撮影：山田 亮

1998年（平成10年）

電車区間を走る貨物列車は異色の存在で南武線の特徴だった。EF641024が牽く奥多摩発浜川崎行の石灰石列車。向河原付近。
撮影：山田 亮

カラー写真で見る南武線、鶴見線、青梅線、五日市線

1956年（昭和31年）

南多摩ー府中本町間の多摩川鉄橋を渡る南武線の17m車3両編成。右からクモハ11（旧モハ31）ークハ16（旧クハ65）ークモハ11（旧モハ30）、鉄橋は単線だが橋脚は複線分があった。
撮影：荻原二郎

1983年（昭和58年）

1982年から南武線に103系が投入され、101系を置き換えた。先頭はイエローで中央総武線からの転入車。中間はオレンジで中央快速線からの転入車である。武蔵溝ノ口。
撮影：荻原二郎

1991年（平成3年）

101系お別れ運転。1991年3月改正時に南武線の101系は引退した。武蔵溝ノ口。
撮影：荻原二郎

1979年（昭和54年）

オレンジ（中央快速）とイエロー（中央総武各停）が混じった南武線の101系。尻手。

1991年（平成3年）

1990年代に入ると山手線205系投入で捻出された高運転台クハ103の編成が南武線に転入した。府中本町ー分倍河原。
撮影：太田正行

7

国道駅のクモハ12053。鶴見線のクモハ12は2両だけ残り、大川支線用に1996年3月まで運転され、デイタイムには鶴見ー海芝浦間に運行された。

1980年1月20日に運転された鶴見線72系お別れ電車。左はイエローの101系。弁天橋電車区。

昼間はクモハ12が1両で鶴見ー海芝浦を往復した。

大川付近の貨物線を走るDE10が牽引する貨物列車。貨車は飼料、穀物輸送用のホキ2200形。

最後に残ったクモハ12053の側面。JR東日本最後の旧形国電となった。

鶴見駅で発車を待つ扇町行の103系電車。鶴見線103系は中央総武線各駅停車と同じイエロー。鶴見駅は1934年建設で私鉄時代のままである。

カラー写真で見る南武線、鶴見線、青梅線、五日市線

1988年（昭和63年）
弁天橋付近を行く鶴見線の101系3両編成。鶴見線は大川支線を除いて1980年1月に101系となった。
所蔵：フォト・パブリッシング

2003年（平成15年）
浜川崎支線を走っていた101系2両編成は、2003年12月14日にお別れ運転が鶴見線で行われた。鶴見駅。
撮影：奥野 中

1980年（昭和55年）
鶴見線海芝浦支線にも101系が入った。海芝浦付近。
撮影：太田正行

1980年（昭和55年）
高架の鶴見駅を発車する101系。1979年から鶴見線を走った。
撮影：高野浩一

1980年（昭和55年）
オレンジ色の101系も鶴見線に入った。海芝浦行だが行先表示は単に鶴見線とある。浅野駅。
撮影：高野浩一

2003年（平成15年）
鶴見線を行くイエローの103系3両。鶴見線は1992年5月に101系から103系への置き換えが完了した（大川支線を除く）。安善付近。
撮影：奥野 中

1980年(昭和55年)

南武線宿河原付近を行く上り川崎行の101系。

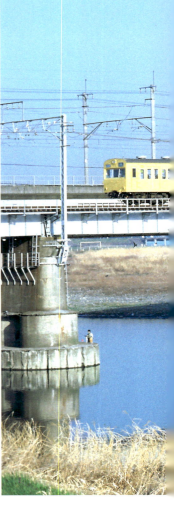

1986年(昭和61年)

非冷房車が多く、夏は不評だった南武線にもようやく冷房車が増えてきた。中間にオレンジを挟んだイエローの101系冷房車。府中本町―分倍河原。

1986年(昭和61年)

南武線は他線区からの転入が多く混色編成も走った。中間にライトグリーン(山手)とエメラルドグリーン(常磐)をはさみ両端がイエローの103系。府中本町―分倍河原。

カラー写真で見る南武線、鶴見線、青梅線、五日市線

1986年（昭和61年）

南多摩－府中本町間の多摩川鉄橋を渡る南武線103系。イエローとライトグリーンの混色編成。上流側に武蔵野線の多摩川鉄橋が完成している。

1986年（昭和61年）

オレンジ色の103系立川行。バックの跨線橋は下河原線（1973年3月廃止）の跨線橋を改築したもので、緑道となっている。府中本町－分倍河原。

1993年（平成5年）

クモハ103（イエロー）を先頭にした川崎行。左に武蔵野線の折り返し線があり、205系が見える。府中本町。

立川駅2番線に停車中の青梅行。最後部はクモハ40。立川駅は北側に頭端式ホームがあり、1番線（右）が降車用、2番線（左）が乗車用だった。立川駅改良工事に伴って1983年11月に廃止された。
撮影：隅田衷

武蔵増戸ー武蔵五日市間を行くクモハ40先頭の立川行。武蔵五日市からの電車は、この付近の三内信号場で向きを変え、右の線路で武蔵岩井へ向かった。貨物列車は武蔵五日市に寄らずに、ここで転線して武蔵岩井へ向かった。
撮影：山田亮

青梅線で使用されていたクモハ40は、ラッシュ時に立川方に増結された。
撮影：山田虎雄

朝ラッシュ時に立川方にクモハ40を連結した上り立川行。後ろに72系4両が連結されたが、先頭のクモハ40は古豪の風格があった。東中神付近。
撮影：山田亮

1976年から青梅線にも103系が投入された。京浜東北線からの転入車であり、塗色も京浜東北のスカイブルーのまま。いかにも中古車然としていたが、順次オレンジに塗り替えられた。
撮影：長渡朗

カラー写真で見る南武線、鶴見線、青梅線、五日市線

撮影名所の軍畑鉄橋（正式名は奥沢鉄橋）を渡るオレンジ色の103系電車。1990年代には山手線、京浜東北線の103系（先頭車は高運転台）が青梅線、五日市線に転属し、経年の高い従来の103系を置き換えた。
撮影：山田亮

宮ノ平ですれちがう奥多摩行101系3両編成と上り石灰石列車。当時の貨物列車は最後部に車掌車を連結した。
撮影：安田就視

御嶽駅で並ぶED16の貨物列車と103系4両の立川行。御嶽には待避線があり、現在でも臨時電車などが留置される。
撮影：安田就視

201系電車は青梅線では1982年11月から東京直通電車に登場。1990年代後半には青梅線内運用（立川折返し）の一部にも投入され、2002年3月に103系の201系への置き換えを完了した。90年代には高運転台のクハ103が青梅線で見られるようになった。古里。
撮影：山田 亮

撮影名所のカーブを行くED16牽引の石灰石列車。青梅線、南武線のED16はファンに人気があり、沿線には多くのファンの姿があった。川井－古里。
撮影:高木堯男

奥多摩の渓谷にそって走るED16牽引の上り貨物列車。ED16は1982〜83年にEF64（0番台）に置き換えられ、さらに1984〜85年にEF64（1000番台）に置き換えられた。
撮影:高木堯男

EF15は米軍燃料輸送列車を牽いて拝島まで入線していたが、1982年から数年間、奥多摩へも貨物を牽引して入線した。古里付近。

石灰石列車のEF64のあとにつづく専用貨車ホキ9500。
撮影:山田 亮

カラー写真で見る南武線、鶴見線、青梅線、五日市線

鯉のぼりがはためく新緑の奥多摩を行く101系3両。70年代にも101系の付属編成が奥多摩まで運転されたことがある。
撮影:高木堯男

桜の季節を行く103系。青梅線（青梅以北）の桜は東京都心より1週間前後遅い。
撮影:高木堯男

秋の柔らかい日差しを浴びて走る立川行の103系。古里付近。
撮影:太田正行

青梅線の切符一覧。いわゆる硬券で、出札口で手作業発売された。地図式乗車券は同じく運賃の乗車券を1種類にまとめたもので、印刷、発券の合理化のためだったが、わかりやすいと乗客にも好評だった。3等の赤切符は2等級制（1960年から）になって、2等は青切符になった。（所蔵:高木堯男）

南武線・鶴見線 青梅線・五日市線 の時刻表

1963（昭和38）年11月18日改正の青梅線、五日市線時刻表で交通公社（現・JTB）時刻表に掲載されたもの。現在、青梅線・五日市線は東京近郊区間に含まれ、距離にかかわらず乗車券の有効期間は1日、途中下車すると前途は無効（放棄したとみなされる）。だが、当時の青梅線、五日市線（および横浜線、東海道横須賀線横浜－大船－久里浜間）は国電が走っているのに「電車特定区間」ではなく「汽車区間」で20km以上の乗車券は通用2日、途中下車が自由で、切符が長距離と同じ大形だった。1966年3月の運賃値上げ時からこれら線区も電車特定区間になり有効1日で途中下車ができなくなった。（当時の電車特定区間は有効期間1日、途中下車禁止を意味し、現在の電車特定区間とは趣旨が異なる）

川崎－武蔵溝ノ口間は4～13分間隔とまずまずだが、武蔵溝ノ口以北は12～30分間隔となる。単線区間があったことの影響である。南武支線、鶴見線は現在より間隔が狭く、利用者がそれだけ多かったことになる。

昼間は立川発がおおむね15分間隔だが、一部で数分ずれているのは貨物列車の影響か。2本に1本が氷川（現・奥多摩）まで直通した。東京直通電車は朝の上り、夕方の下りに運転されていたが、時刻表には中央線のページにも記載がない。

拝島－武蔵五日市間は昼間30～40分間隔である。立川直通は朝および14時台以降にあるが、これは高校生の通学を考慮したと思われる。武蔵五日市－武蔵岩井間は朝夕だけで6往復。クモハ40が1両で往復した。

■■■ 第1章
南武線

南武線は工業都市川崎と東京多摩地区の拠点立川を結ぶ35.5kmの路線であるが、都心と郊外を結ぶ「本流」路線をいわば串刺しにして進む、本流に対する支流といえる。全線乗る乗客は少なく、途中の「本流」との接続駅から数駅乗る利用が多かったが、近年における首都圏の巨大化で郊外の拠点都市化が進み、オフィスや大学の郊外移転も目立ち、南武線の役割も変化しビジネス拠点を結ぶ性格が加わった。快速運転はそれへの対応であろう。一方、南武支線(尻手－浜川崎4.1km)は都会の中のローカル線の雰囲気は変わらない。

地上駅時代の稲城長沼駅には電車留置線があり、始発終着電車があった。1977年12月の全線複線化までは6両編成電車のうち2両の切り離し、増結が行われた。折返し電車の最後部はクハ16形。

南武線の歴史

The history of the Nambu line

砂利と石灰石を運ぶ南武鉄道

　南武線は当初は多摩川の砂利を京浜工業地帯に運ぶことを目的に1919（大正8）年5月に沿線在住の地主などを中心とした発起人によって鉄道敷設免許が申請され、1920年2月に認められた。当初の免許区間は川崎町～稲城村（稲城長沼付近）であったが、京浜工業地帯でセメント工場（浅野セメント）の建設を進めていた浅野財閥の出資を受け、奥多摩で産出する石灰石を当時の青梅鉄道、五日市鉄道を経由して川崎、鶴見の京浜工業地帯に国鉄（当時は省線と呼ばれた）を通らずに一貫輸送することも目的となり、立川まで建設されることになった。砂利、石灰石ともにコンクリートの材料であり、京浜工業地帯での工場の建設や関東大震災（1923年）の復興のため大きな需要があった。

　1927（昭和2）年3月に川崎－登戸間が開通し、1929（昭和4）年11月に立川まで開通した。当初から電化された。全線開通時、電車は30分間隔の運転で立川の南武鉄道ホームは国鉄中央本線の南側にやや離れて設置され、貨物輸送のため拝島方面との連絡線も設置された。尻手で分岐して浜川崎までは1930（昭和5）年3月に開通し、浜川崎で鶴見臨港鉄道と接続した。

戦時中に国有化され南武線に

　開通当初の沿線は梨畑の多い農村地帯だったが、1930年代半ば（昭和10年前後）から沿線南部（川崎市内）に工場が立地するようになり、通勤輸送の使命が次第に大きくなった。1940（昭和15）年9月には南武鉄道は五日市鉄道を合併した。戦時中の1943（昭和18）年9月、南武鉄道、青梅電気鉄道は合併に調印し、社名を関東鉄道（関東電鉄とし資料もある）とすることになった。これは後述するように鶴見臨港鉄道が前年1943年に国有化されたことに対し、両社を合併することで会社の基盤を固め、国有化に対抗しようとする意図があったからである。

　しかし、翌1944（昭和19）年4月、南武鉄道は青梅電気鉄道とともに国によって買収され国有化され、南武線、青梅線となった。その理由は「鉄鋼生産に必要な石灰石など重要物資の輸送」「東海道線と中央線、八高線を結ぶ短絡線で非常時の迂回路になる」とされた。

　戦後まもない1947（昭和22）年頃には、貨物輸送で一貫性のある南武線、鶴見線、青梅線、五日市線を元の民営鉄道に戻そうとする運動も起こったが、戦争に起因する損失の補償は必要ないとするGHQ（連合国軍総司令部）の意向もあって実現しなかった。

戦後の南武線は中古車天国

　戦後の比較的早い時期（昭和20年代前半）には山手線、京浜東北線などから転入した国鉄形17m車両に統一され、南武鉄道の車両は地方の買収線区や地方私鉄に譲渡された。1964（昭和39）年時点では17mのクモハ11、クハ16が中心だが20m車（クモハ41、クハ55など）も転入している。4両運転が基本で川崎―稲城長沼間がラッシュ時6両だった。1970年時点では、4ドア20m車（モハ72系）に統一されていたが、京浜東北線、常磐線などからの「中古車」で、交差する民鉄（京急、東急、小田急、京王）が続々と新型車両を投入するのにくらべ格差は歴然で、沿線の人々の不満は強かった。

　浜川崎支線（尻手－浜川崎間）は17m車の2両だった。この頃の南武線は沿線に競馬（川崎、府中）、競輪（川崎、立川）、競艇（南多摩）があり「ギャンブル線」などといわれ、あまりいいイメージではなかった。

府中本町で交換する南武線17m電車。戦時中に国有化された南武線は戦後早い時期に国鉄形17m車両に統一された。武蔵溝ノ口ー宿河原間と登戸以北は1960年代まで単線だった。
撮影：竹中泰彦

快速運転と101系の投入

　1969（昭和44）年12月、川崎－登戸間に初の快速電車が登場した。デイタイム6往復（1時間間隔）、停車駅は武蔵小杉、武蔵溝ノ口だったが、1時間に1本では利用しにくかった。車両は101系（当初

南武鉄道モハ500形。国鉄（鉄道省）の木造モハ10形を譲り受けた。
撮影：荻原二郎

はオレンジ色）6両で南武線初の新性能車だった。1972（昭和47）年10月、ようやく101系が42両投入されたが、中央総武線各駅停車からの転入で塗色はイエローのままという旧古車天国が続いた。チョコレート色の旧型車は徐々に101系に置き換えられ、全車両が101系となったのは1978（昭和53）7月であるが、冷房車が少なく、交差する民鉄との格差は続いた。同年10月からは川崎－登戸間の快速が廃止された。

これに先立ち、1977年12月には南武線稲城長沼－立川間のホームが延伸され、全線で6両運転が始まったが、その後も現在にいたるまで6両運転のままである。浜川崎支線は17m車の2両運転が続いたが、1980（昭和55）年11月から101系2両運転（クモハ100－クモハ101）となった。南武線の101系は中古車ばかりで製造後かなりの年数が経っていたが、1982（昭和57）年7月からようやく103系が投入された。

初めての新車205系の登場

JR発足後の1989（平成元）年2月、205系が南武線に新製投入された。南武線に新車が直接投入されるのは国有化以降初めてで、民営化の効果といわれた。1991（平成3）年3月に101系の取替えは完了し、南武線（浜川崎支線を除いて）は205系と103系に統一された。

1993年4月「重量半分、価格半分、寿命半分」で登場した209系が京浜東北・根岸線とともに南武線に投入された。

2001（平成13）年、山手線にE231系500番台が投入され、それまで山手線で運行されていた205系が各線に転属して103系を置き換えることになった。南武線には2002年10月から2003年7月にかけて転入して103系を置き換え2004年12月には完了し、205系と209系に統一された。いずれも窓下にイエロー、オレンジ、チョコレートのラインが入っている。浜川崎支線は101系2両で運行され、1991年からは「最後の101系」だったが、2002（平成14）年8月に205系2両（クモハ205 1000－クモハ204 1000）に置き換えられ、予備編成として残った101系2両編成も2003年11月に引退した。

高架化の進展とE233系の登場

開通以来ほとんど地平を走っていた南武線だったが、川崎市の都市計画事業で武蔵小杉（西側）－武蔵溝ノ口（東側）間が1990（平成2）年12月に連続立体化され、新車205系の投入とあいまって南武線のイメージも良くなった。次に東京都の都市計画事業として稲田堤（西側）－府中本町（多摩川の南側）間の連続立体化が2013（平成25）年12月に完成している。現在、川崎市により尻手－武蔵小杉間連続立体化が計画されている。

南武線は2014年10月からE233系8000番台が投入され、2015年12月に205系は引退した。

駅関係では2009年3月に分倍河原－谷保間に西府駅が開業し、2010年3月には横須賀線に武蔵小杉駅が設置され、南武線ホームとの間に280mの連絡通路が開設された。2016年3月には、浜川崎支線川崎新町－浜川崎間に小田栄駅が開業した。

2011（平成23）年4月から33年ぶりに快速が復活し、デイタイムに毎時2本、川崎－立川間電車の川崎－登戸間が快速運転となり、2014年3月から快速区間が川崎－稲城長沼間になった。2015年3月から川崎－立川全区間が快速になり、デイタイムだけの運転だが平日毎時2本、土休日毎時3本となった。

205系も置き換えられることになり、2014（平成26）年10月からE233系8000番台が投入され、2015年12月に205系は引退し、2016年1月9日に川崎－登戸間でさよなら運転が行われた。209系は1編成だけが引続き運行されてファンの注目を浴びている。2017年3月にすべてE233系8000番台に統一される予定である。

1989年から南武線に205系が投入された。南武線へ新車が直接投入されるのは戦後初めてで、「中古車線」の異名を返上した。山手線E231系500番台の登場で同線の205系が南武線に転入して103系を置き換え、2004年12月に完了した。

かわさき
川崎

開業年▶明治5(1872)年6月5日　**所在地**▶神奈川県川崎市川崎区駅前本町26－1　**ホーム**▶3面6線(地上駅(橋上駅))　**乗車人数**▶207,725人　**キロ程**▶0.0km(川崎起点)

南武線の始発駅は川崎駅。東海道線・京浜東北線・京急本線・大師線に連絡
南武鉄道は昭和2年に開業。昭和19年に国有化されて、南武線に

中元大売出しの看板がある駅ビルかわさき、本格的な「駅ビル」は首都圏では東京駅八重洲口(大丸デパート)に次いで2番目で、地元の大企業(東芝など)が出資した。駅前を京浜急行が横断しているが、踏切は「開かずの踏切」だった。
提供:川崎市市民ミュージアム

1959年4月に建替えられた川崎駅東口。民間資本を導入したいわゆる民衆駅で「駅ビルかわさき」と呼ばれた。

川崎駅西口、駅前は明治製菓と東芝の工場があり、工場通勤者の利用が多かった。現在は、商業施設として「ラゾーナ川崎プラザ」が開業している。
撮影:荻原二郎

撮影:山田虎雄

川崎-氷川（現・奥多摩）間に運転された南武奥多摩号のPR看板。東神奈川駅にて撮影。
撮影：山田虎雄

クハ79（300番台）を先頭にした稲城長沼行。1970年代に入ると南武線は20m車に統一された。
撮影：山田虎雄

南武線▶川崎

川崎駅6番線の武蔵溝ノ口行、先頭はクモハ73の車体更新車（クモハ73500番台）
撮影：山田虎雄

車内の運転室寄りの座席が広いクハ16形500番台。元をただせば敗戦直後に占領軍に接収された車両で、運転室寄りが専用区画で仕切りが設けられた。1952年以降専用区画は2等（現在のグリーン車に相当）になり、1957年からすべて3等（今の普通車）となって仕切りが撤去されたが、座席幅は広いままでファンに人気があった。
撮影：山田虎雄

駅ビル建設前の川崎駅東口。川崎鶴見臨港バスのボンネットバス、京浜急行のキャブオーバーバスが時代を感じさせる。京浜急行が地上を走り交通渋滞の原因だったが1966年に高架化された。西口側には東芝の工場があった。
提供：川崎市市民ミュージアム

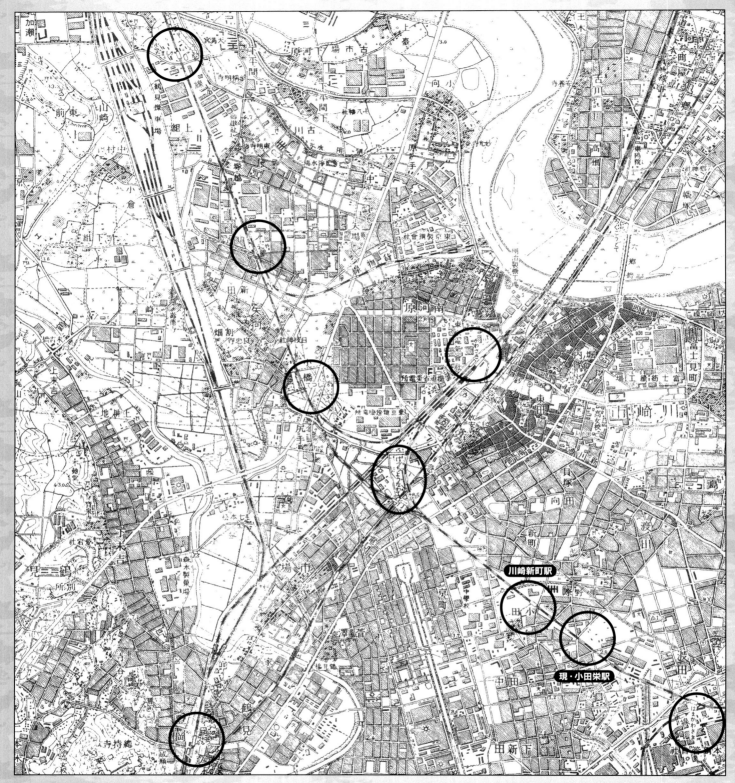

1953（昭和28）年　川崎、尻手、矢向、鹿島田、八丁畷、川崎新町、浜川崎、鶴見周辺

　地図上を斜めに走るのが国鉄東海道線と京急本線であり、川崎、鶴見にそれぞれの駅が置かれている。現在は、この川崎駅と鶴見駅から南武線の本線が延びている。また、京急本線の八丁畷駅付近を通る形で、浜川崎駅方面に延びる支線（浜川崎支線）もある。

　川崎駅周辺には明治製糖、東京電気会社などの工場が建ち並び、南武線は東京電燈変電所の南側をカーブする形で、尻手駅へと進んでゆく。尻手駅付近には日枝神社、良忠寺などの神社仏閣の存在がある。駅の西側には、鶴見川が流れている。尻手から矢向、鹿島田駅にかけては、南武線と品鶴線（現・横須賀線）が並行して走っている。次の矢向駅から東に向けては、多摩川沿いの東京製綱会社まで貨物線も延びている。鹿島田駅の西側には、新鶴見操車場の広いヤードが広がっているが、この時期はまだ新川崎駅は誕生していなかった。

　尻手駅から分岐した支線は、八丁畷駅付近を通り、真っすぐ南東に進む。浜川崎駅までの間には、「小田」の地名付近に駅の存在がある。これは昭和5年に開業した川崎新町駅であり、併行して川崎市電も浜川崎駅の南側には、日本鋼管が見える。

南武線は開通翌年には矢向―向河原間が複線化され、1929年には川崎―矢向間が複線化された。開通時に登場したモハ100形の2両。(撮影地は武蔵小杉付近)

1939年（昭和14年）

南武線▶川崎

撮影：荻原二郎

COLUMN

県史に登場する南武線

神奈川県史より抜粋

南武鉄道の開通

川崎市の郊外電気鉄道の多くは市域を横断するもので、市域を縦断するかたちで敷設されたのは南武鉄道だけであった。南武鉄道の目的は、多摩川の砂利を京浜地方へ運ぶことと、奥秩父セメント原料を五日市鉄道を通じて海岸埋立地の浅野セメント工場へ運ぶことであった。

工事の途中で大震災にあったために開通は遅れたが、昭和2年(1927) 3月9日、第1期線川崎―登戸間、矢向―川崎河岸間の運輸営業が開始された。『横浜貿易新報』(昭和2年3月11日)は川崎―登戸間の開通について、川崎駅構内の連絡工事に手間どったために予定より遅延したが、9日午前6時の川崎発の電車から開通し、乗車賃は川崎―登戸間が38銭、川崎―溝ノ口間が28銭、川崎―中原間が21銭であると伝えている。

当初の計画では蒸気利用であったが、大正15年10月に「時代ノ要求ニ順応シ運輸ノ円滑ヲ期スル為メ動力ニ」(「工事方法変更申請書」『鉄道省文書』10地方鉄道及軌道　南武鉄道巻1　交通博物館)電気動力の使用が許可されたため、貨物は蒸気機関車によって牽引されたが、旅客は90人乗りの電動客車で運転された。営業開始時の駅は、川崎・尻手・矢向・鹿島田・平間・向河原・武蔵中原・武蔵新城・武蔵溝ノ口・宿河原・登戸の各駅で、さらに8月には武蔵中丸子・久地梅林の両駅が竣工し旅客の運輸営業の取扱いを開始した。11月1日には登戸―大丸(現南多)間の延長区間が営業を開始し、登戸・中野島・稲田堤(以上橘樹郡稲田村)・矢野口・稲城長沼・大丸(以上南多摩郡稲城村)の各駅が新設された。この間、中原町長安藤安は南武鉄道社長あてに当区域内に小杉停車場設置の意見書を提出した(『市史』資料4下59)。この結果、既設区間の向河原―武蔵中原間にグランド前・武蔵小杉駅が新設された。

翌昭和3年12月、大丸―屋敷分(現分倍河原)間が開通し、矢向―向河原間が9月に複線化された。昭和4年9月には向河原から構内側線として、省線新鶴見操車場にいたる連絡線が開通し、貨物支線として連絡運輸を開始した。また同年12月12日、分倍河原―立川間も開通し、川崎―立川間の全線運転が可能になった。

しかし、川崎の産業に依存していた南武鉄道は、昭和初期の深刻な不況によって大きな打撃を受けた。各年度の営業報告書は「砂利ノ……価格モ亦暴落ノ状態」(昭和4年上期)、「財界不況益々深刻ヲ加ヘ総収入ニ於テ前期ニ対シテ8分減」(同年下期)、「セメント需要減シ……退収入ニ大影響」(5年下期)と記している(「第17・18・20回報告書」『鉄道省文書』1監督　南武鉄道巻2・3交通博物館)。私鉄のなかには合併・譲渡・解散によって消滅していくものもあり、生き延びた私鉄も「合理化」を初め、さまざまな対策で危機を打開した。南武鉄道の場合は、昭和4年には322人いた社員を、8年には264人まで削減した。この間、南武鉄道は路線を延長しており、同5年3月には尻手から省線・京浜電気鉄道・京阪国道を横断し、浜川崎に至る線が開通している。このため、臨海工業地帯の浜川崎―立川間の直通運転が可能となり、4月10日に全線の貨客営業が開始されることになった。

全通した同年4月19日、西国立駅前の広場において「全通式」が開催された。当日の参加者は、内務大臣安達謙蔵・鉄道大臣江木翼・逓信大臣小泉又次郎・東京府知事牛塚虎太郎・神奈川県知事山縣治朗・川崎市長春藤嘉平・立川町長中嶋舜司・警視庁各部長などを含めて1500人におよんだ。会場入口には天幕が張られ、万国旗を掲揚し、南武鉄道社長野村龍太郎のあいさつについで参列者の祝辞があり、その後青年団の「多摩川音頭」などが会場で披露された。また県知事らは新聞社が用意した飛行機に乗って沿線を視察し、全線開通のビラなどを撒いた(『野村龍太郎伝』)。当日、会場への参加者には南武鉄道の工事概要などを記載したパンフレットが配付された。そこには(1)南武鉄道が大正9年に敷設免許を受けたこと、(2)電気・蒸気併用の鉄道であること、(3)幹線は川崎―立川間および尻手浜川崎間で、支線として六郷線・新鶴見操車場連絡線・宿河原砂利線・中野島砂利線を含む総延長27マイル7分、複線4マイル1分であったこと、(4)総工事費用や1マイル平均の費用、(5)役員氏名、などが記されていた。

全通した南武鉄道には、川崎―立川間に28駅が置かれ、同区間の運転時間は1時間10分を要した。川崎駅の始発は午前5時、終電は午後11時、立川駅の始発は午前5時、終電は午後10時35分であった。主要駅の運賃は、川崎から武蔵小杉までが18銭、武蔵溝ノ口までが28銭、登戸までが38銭、府中本町までが61銭、立川までが78銭であった。

南武鉄道は、当初の大規模な計画に沿って、業績も好調に推移し、さらに沿線の宣伝につとめるなど旅客の誘致を積極的に展開した。沿線には、登戸駅近くの多摩川の河畔に競馬場があり、多くの観客を動員した。競馬場は昭和8年に府中本町駅近辺へ移転するが、競馬の開催日には唯一の路線として南武鉄道が大いに利用され、横浜方面から競馬場へ行く場合には、必ず南武鉄道を利用し、1日に3～4000人もの乗客を運ぶこともあったという(『野村龍太郎伝』)。さらに多摩川「稲田堤の桜並木」「久地の梅林」「二子玉川花火大会」などを宣伝して旅客誘致をはかった。そこで、臨時電車を運転したり、客車増結をして運転するなどのサービスを行った。その結果、南武鉄道の「収入ニ就テハ其ノ成績大ニ見ルヘキモノアリ、其ノ他ノ各月モ逐次増加ノ傾向ヲ示シ総収入ニ於テ前期ニ比シ2割4分」(「第27回営業報告書」『鉄道省文書』1監督　南武鉄道巻2交通博物館蔵)の増率となった。一方、兼業の砂利事業については、その需要が激減したため「予期ノ成績ヲ挙ゲ得ザリ」(「第17回営業報告書」『鉄道省文書』1監督　南武鉄道巻2　交通博物館蔵)という状況が続いた。

南武鉄道と、各私鉄が縦横に連絡することによって沿線の開発は進み、多くの工場が広大な土地を求めて続々と進出し、やがて内陸部に工場が建設され、しだいに小規模ながら工業地帯が形成されていくのである。

しって、やこう、かしまだ

尻手、矢向、鹿島田

尻手駅：開業年▶昭和2(1927)年3月9日　所在地▶神奈川県川崎市幸区南幸町3－107　ホーム▶2面3線(高架駅)　乗車人数▶13,702人　キロ程▶1.7km(川崎起点)
矢向駅：開業年▶昭和2(1927)年3月9日　所在地▶神奈川県横浜市鶴見区矢向6－5－6　ホーム▶2面3線(地上駅)　乗車人数▶17,979人　キロ程▶2.6km(川崎起点)
鹿島田駅：開業年▶昭和2(1927)年3月9日　所在地▶神奈川県川崎市幸区鹿島田1－17－14　ホーム▶2面2線(地上駅(橋上駅))　乗車人数▶18,370人　キロ程▶4.1km(川崎起点)

尻手駅は昭和2年、川崎・横浜両市の境界に設置。尻手短絡線が分岐 川崎河岸駅へ貨物支線が存在した矢向駅。鹿島田駅西側に新川崎駅

尻手駅、国道1号(第二京浜国道)と交差のためホームは築堤上にある。

17m車3両の上り川崎行、最後部は張り上げ屋根のクモハ11(400番台、旧モハ50)。

鹿島田駅、現在は橋上駅になっている。新鶴見操車場が近く、操車場勤務の国鉄職員の利用が多かったが、1980年に300m西側に新川崎駅が開設された。

南武線 ▼ 尻手、矢向、鹿島田

1967年（昭和42年）
提供：朝日新聞社

貨物輸送の要（かなめ）だった新鶴見操車場。昭和初期の東京地区鉄道改良計画の一環として1929年に開設され、品川と鶴見を結ぶ品鶴貨物線も同時に開通した。左側の電化線は現在では横須賀線、湘南新宿ラインが走り、新川崎駅がある。左奥（南側）に南武線尻手への逗絡線がある。

1954年（昭和29年）
撮影：竹中泰彦

尻手駅を通過するEF13牽引の米軍タンク車（米タン）列車。米軍立川、横田への燃料輸送を行っていた。米軍燃料輸送は今でも行われている。EF13は戦時中に造られた戦時型で凸形車体だったが後に通常の形（箱形）に改造された。

1955年（昭和30年）
撮影：竹中泰彦

矢向付近を走るEF51牽引の南武線貨物列車。大正末期の1926（大正15）年に東京－国府津間電化用に米国から2両輸入された。出力が低いため幹線の重量列車には向かず、上越線、阪和線で使用されたのち、1954年から5年間、南武線で貨物列車を牽引した。勇壮なアメリカンスタイルでファンに人気があった。

<small>はっちょうなわて、かわさきしんまち、おださかえ、はまかわさき</small>

八丁畷、川崎新町、小田栄、浜川崎

八丁畷駅：開業年▶1930（昭和5）年12月25日　所在地▶神奈川県川崎市川崎区池田1-6-1　ホーム▶1面1線（高架駅）　乗車人数▶1,409人　キロ程▶1.1km（尻手起点）
川崎新町駅：開業年▶1930（昭和5）年3月25日　所在地▶神奈川県川崎市川崎区渡田三王町26-4　ホーム▶2面2線（地上駅）　乗車人数▶1,461人　キロ程▶2.0km（尻手起点）
小田栄駅：開業年▶2016（平成28）年3月26日　所在地▶川崎市川崎区小田栄　ホーム▶2面2線（地上駅）　キロ程▶2.7km（尻手起点）
浜川崎駅：開業年▶1930（昭和5）年3月25日　所在地▶神奈川県川崎市川崎区南渡田町1-2　ホーム▶1面1線　キロ程▶4.1km（尻手起点）

尻手駅から延びる南武支線に八丁畷駅。昭和5年に開業、京急本線連絡 川崎新町駅には東海道線貨物支線も。平成28年、小田栄駅が開業

浜川崎の旅客ホームに止まる南武支線の17m車2両。先頭はクハ16（200番台）。
撮影：山田虎雄

南武支線の浜川崎駅、鶴見線浜川崎とは道路を隔てている。朝の通勤時で乗換客が多い。
撮影：荻原二郎

川崎新町駅の木造駅舎。タンク車が写っているが、貨物列車に対応して長い構内を持つ。近くには「市電通り」があり、1969年まで川崎市電が走っていた。
撮影：荻原二郎

南武支線 ▶ 八丁畷、川崎新町、小田栄、浜川崎

ホームが片側1だけの八丁畷駅。ここで京浜急行と交差している。明治時代末期の1905年に開通した京浜急行（当時は京浜電気鉄道）に対し南武鉄道支線は1930年開通で、後発のため築堤で乗り越えた。ここは京浜急行の管轄駅でJRは無人である。電車は両運転台のクモハ12。

浜川崎支線は1980年11月から101系2両となったが2003年11月に引退し、翌12月に鶴見線でお別れ運転が行われた。安善。

八丁畷はホーム1本だが複線の貨物線が平行する。下に京浜急行の駅があるが各停しか止まらない。

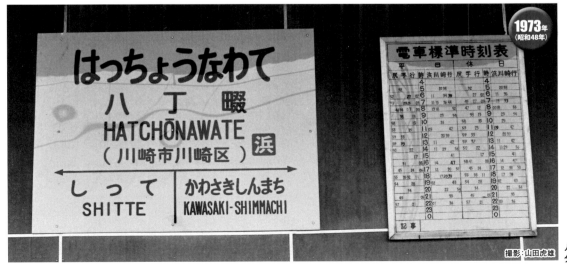

八丁畷駅の駅名標と時刻表。おおむね20～30分間隔で運転。上り下りとも同じホームに発着。

ひらま、むかいがわら

平間、向河原

平間駅：開業年▶昭和2（1927）年3月9日　**所在地**▶神奈川県川崎市中原区田尻町22　**ホーム**▶2面2線（地上駅）　**乗車人数**▶14,509人　**キロ程**▶5.3km（川崎起点）
向河原駅：開業年▶昭和2（1927）年3月9日　**所在地**▶神奈川県川崎市中原区下沼部字玉川向1757　**ホーム**▶2面2線（地上駅）　**乗車人数**▶12,342人　**キロ程**▶6.6km（川崎起点）

古くから平間の渡し、平間街道が存在した平間。駅開業は昭和2年
昭和2年に開業した向河原駅。一時期は「日本電気前」駅を名乗る

向河原から新鶴見操車場まで貨物線が分岐していた（市ノ坪短絡線）。左にその分岐線が見えるが1973年10月に廃止された。電車は下り登戸行で17m車の3両。最後部はクモハ11。

1960年代半ばまでは17m車が南武線の主力だった。先頭はクモハ11形100番台（旧モハ30形）。製造時はダブルルーフだったが、戦後に屋根部分が丸い屋根に改造された。4両編成で最後部は4ドアの20mクハ79である

1967年の平間駅、現在は改築されているが地上駅のまま。周囲は庶民的な住宅地である。

向河原駅の近くにはNECの工場があったが、現在は高層ビル玉川ルネッサンスシティーになっている。

撮影：山田虎雄

1967年（昭和42年）

南武線 ▶ 平間、向河原

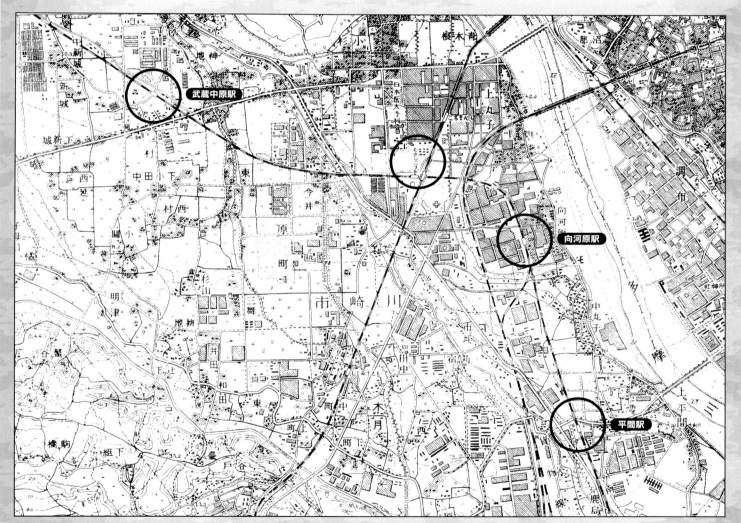

1930（昭和5）年　平間、向河原、武蔵小杉、武蔵中原周辺

　多摩川の西側を北に向けて走ってきた南武線は、武蔵小杉駅の手前で西方向に進路を変える形となり、武蔵小杉駅を過ぎるとまた少しずつ北向きに走ってゆく。この区間には平間、向河原、武蔵小杉、武蔵中原駅が置かれている。

　鹿島田駅付近では南武線は蛇行する多摩川と離れていたが、平間駅付近では再び近い関係に戻り、平間駅は東に見える多摩川に架かるガス橋を渡れば東京都方面にも近い場所にある。次の向河原駅も名称通り多摩川に近い位置に存在し、対岸には調布（鵜の木）の市街地が広がっていた。駅の西側には工場の記号が見えるが、現在はマンションなどに変わってきている。

　次の武蔵小杉は南武線と東横線の連絡駅で、すぐ北側には、東横線の隣駅である新丸子駅が見える。北西に見える日本医大予科は現在、日本医大新丸子キャンパスとなっている。綱島街道、府中街道などが通る交通の要地である武蔵小杉であるが、現在のような人気の住宅地に変わる前で、住宅はまだ、まばらであった。武蔵中原駅は、南武線と中原街道の交差点付近に置かれている。昭和47年に誕生する中原区の由来となった中原街道は、隣りの高津区内の千年交差点まで、真っ直ぐに伸びている。

むさしこすぎ、むさしなかはら、むさししんじょう

武蔵小杉、武蔵中原、武蔵新城

武蔵小杉駅：開業年▶昭和19(1944)年4月1日　所在地▶神奈川県川崎市中原区小杉町3-492　ホーム▶2面2線(地上駅(橋上駅)・高架駅)　乗車人数▶124,325人　キロ程▶7.5km(川崎起点)
武蔵中原駅：開業年▶昭和2(1927)年3月9日　所在地▶神奈川県川崎市中原区上小田中6-21-1　ホーム▶2面4線(高架駅)　乗車人数▶34,563人　キロ程▶9.2km(川崎起点)
武蔵新城駅：開業年▶昭和2(1927)年3月9日　所在地▶神奈川県川崎市中原区上新城2-11-1　ホーム▶1面2線(高架駅)　乗車人数▶35,325人　キロ程▶10.5km(川崎起点)

「むさこ」の愛称をもつ横須賀線、東横線との連絡駅「武蔵小杉」
中原街道から駅が生まれた「武蔵中原」。武蔵新城駅は昭和2年開業

武蔵小杉駅(南口)東急東横線の駅で南武線とは東横線ホーム経由で連絡。現在は高架化され、JRと東急の総合駅となった。
撮影：山田虎雄

1967年の武蔵小杉駅(北口)向かって左側に東急東横線が交差している。現在は橋上駅で周辺は再開発が進む。
撮影：山田虎雄

1965年の武蔵新城駅南口、開通時の面影が残る木造駅舎。
撮影：荻原二郎

高架化される前の武蔵中原駅。中原電車区がある。駅前には川崎市営バスのボンネットバス。川崎駅の南側は川崎鶴見臨港バス、北側は川崎市営バスが分担していた。
撮影：荻原二郎

武蔵新城駅西口。1990年に武蔵中原とともに高架化された。駅周辺は住宅地が広がる。
撮影：荻原二郎

中原電車区

南武線 ▶ 武蔵小杉、武蔵中原、武蔵新城

1968年（昭和43年）

電留線に待機するクハ16形（0番台、旧クハ38形）。
撮影：小川峯生

クモハ73車体更新車の側面。窓はアルミサッシで2段窓になっている。
撮影：小川峯生

1968年（昭和43年）

20m車と17m車が混じった立川行4両編成。先頭はクモハ73の車体更新車、旧モハ63形のクモハ73形を車体更新した車両。

1968年（昭和43年）

電留線に待機するクモハ73車体更新車の正面。高運転台になっている。
撮影：小川峯生

1982年（昭和57年）

高架工事が進む武蔵新城駅での101系のすれ違い。
撮影：山田虎雄

1957年（昭和32年）

今では信じられない昭和30年代初めの武蔵小杉駅。バックに東横線の築堤が見える。クモハ11形400番台（旧モハ50）とクハ16形（旧クハ38）の17m車2両編成。
撮影：荻原二郎

31

むさしみぞのくち
武蔵溝ノ口

開業年 ▶ 昭和2(1927)年3月9日　**所在地** ▶ 神奈川県川崎市高津区溝口1-1-1　**ホーム** ▶ 2面3線（地上駅（橋上駅））　**乗車人数** ▶ 83,576人　**キロ程** ▶ 12.7km（川崎起点）

武蔵溝ノ口駅は、玉川電気鉄道（玉電）が設置した駅から発達
古くは高津村が存在。現在は川崎市高津区の区役所最寄り駅に

1967年（昭和42年） 武蔵溝ノ口駅北側、田園都市線（1966年に溝の口ー長津田間が開通）の建設工事が進む。右側に東急大井町線溝の口駅がある。現在でもJRは「武蔵溝ノ口」東急は単に「溝の口」である。

撮影：荻原二郎　　撮影：荻原三郎

1964年（昭和39年） 南武鉄道時代そのままの武蔵溝ノ口駅、東急大井町線溝の口駅とは商店街を通って連絡した。右の看板に田園都市線連絡口とあるが、田園都市線溝の口ー長津田間開通（1966年4月）に先立ち、1963年10月に大井町線（大井町ー溝の口間）は田園都市線と改称された。

撮影：荻原三郎

南武線 ▶ 武蔵溝ノ口

1974年（昭和49年）

1974春に行われた国労（国鉄労働組合）のストライキの看板（武蔵溝ノ口駅）。スト決行中の張り紙も見える。
撮影：山田虎雄

1964年（昭和39年）

武蔵溝ノ口駅構内。北側に田園都市線高架橋が建設中。敷地の関係で上り、下りのホーム位置がずれていた。1998年に橋上駅となり、東急とはペデストリアンデッキで連絡している。
撮影：荻原二郎

1939年（昭和14年）

南武鉄道モハ100形電車。開通時の車両である。
撮影：荻原二郎

1994年（平成6年）

1994年の武蔵溝ノ口駅、私鉄時代の駅舎は国鉄風の近代駅舎になったが、現在は橋上化されている。右側に田園都市線溝の口駅への連絡通路が見える。
撮影：荻原二郎

つだやま、くじ、しゅくがわら

津田山、久地、宿河原

津田山駅：開業年▶昭和16(1941)年2月5日　所在地▶神奈川県川崎市高津区下作延6-2-19　ホーム▶1面2線(地上駅)　乗車人数▶3,786人　キロ程▶13.9km(川崎起点)
久地駅：開業年▶昭和2(1927)年8月11日　所在地▶神奈川県川崎市高津区久地4-24-1　ホーム▶2面2線(地上駅)　乗車人数▶13,954人　キロ程▶14.9km(川崎起点)
宿河原駅：開業年▶昭和2(1927)年3月9日　所在地▶神奈川県川崎市多摩区宿河原3-4-4◆　ホーム▶2面2線(地上駅)　乗車人数▶7,801人　キロ程▶16.2km(川崎起点)

玉電社長ゆかりの山から津田山駅。久地駅は久地梅林停留場が起源
信者のための宿河原不動駅が存在。砂利採取線、小田急線と連絡線も

撮影：荻原二郎

私鉄時代のままの津田山駅舎で、改装されているものの、現在も当時の面影が残る貴重な駅舎である。奥には開業当時の駅名の由来となった日本ヒューム管工場が見える。

1965年(昭和40年)

1960年代後半まで南武線は17mが主力だが、順次20m車に置き換えられた。クモハ11-サハ17-モハ72-クハ16の立川行4両編成。3両目に20mのモハ72が入っている。先頭はクモハ11形200番台で、旧モハ31形。久地付近。

撮影：山田虎雄

1968年(昭和43年)

1960年代終わりになると20mの72系電車が増えてきた。クモハ73-サハ17-サハ17-クモハ73の4両編成の川崎行。最後部はモハ72形500番台に運転台をつけたクモハ73600番台。丘の上のマンションは今でもある。ホームには下校する近くの県立向の岡工業高校の生徒が見える。久地駅ホームにて撮影。

撮影：荻原二郎

1965年(昭和40年)

簡素な木造駅舎で私鉄時代のままの久地駅。木製の改札口がなつかしい。1995年10月ダイヤ改正とみどりの窓口開設のポスターが貼られている。

撮影：山田虎雄

196(昭和)

クハ16(旧クハ38)形を先頭にした4両編成の川崎行。17m、20m車の混成で先頭からクハ16-モハ72-サハ17-クモハ73。宿河原駅。

撮影：

1967年当時の宿河原駅。最低運賃20円区間切符の自動販売機が見える。

1967年（昭和42年）

南武線▶津田山、久地、宿河原

撮影：山田虎雄

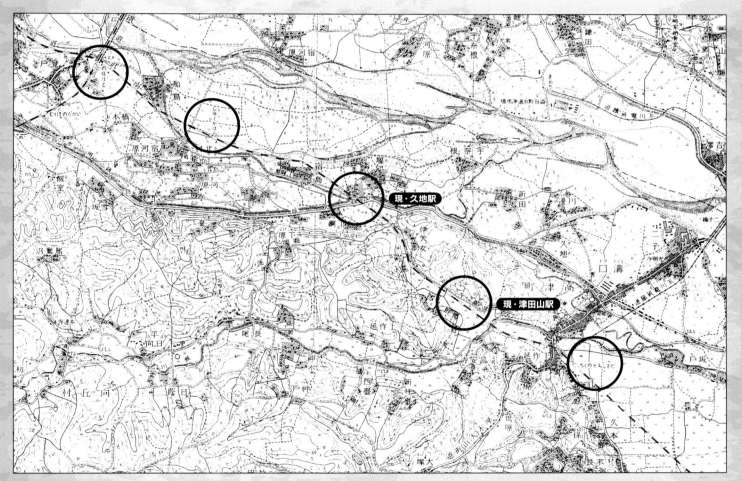

1927（昭和2）年　武蔵溝ノ口、津田山、久地、宿河原、登戸周辺

　南武鉄道時代の武蔵溝ノ口〜登戸間の地図であるが、途中駅のうち、久地駅と津田山駅は記されていない。現在の久地駅は昭和2年の開業当時は久地梅林停留場で、昭和17年に駅に昇格。津田山駅も昭和16年に日本ヒューム管前停留場として開業し、昭和18年に駅に昇格しているためである。
　この当時、玉川電気鉄道（玉電）は溝ノ口駅が終着駅であり、現在の東急田園都市線のように溝の口駅から梶が谷方面へ延伸していなかった。武蔵溝ノ口駅付近からこの方向には、江戸時代から信仰の道として知られた、厚木（大山）街道が延びている。北西に進む南武線が、府中街道（神奈川県道9号）と交わる付近に、現在の久地駅が置かれることになる。この付近は、停留場名（久地梅林）が示す通り、梅の名所として有名だった。
　多摩川から離れていた南武鉄道は、次の宿河原駅付近から再び、近くを走ることとなる。駅北西の船島付近の多摩川には宿河原用水の取水口があり、現在は、多摩川について展示、解説する資料館「二ヶ領せせらぎ館」が置かれている。宿河原駅付近には、「宿河原」「船島」のほか、「下河原」「橋本」の集落が存在している。
　登戸駅は、小田原急行線鉄道線との連絡駅であるが、この地図では少し離れた位置に記されている。小田急の稲田登戸駅は、現在の向ヶ丘遊園駅である。駅の西側には、稲田町の役場があったが、現在は川崎市多摩区に変わっている。

のぼりと
登戸

開業年▶昭和2(1927)年3月9日　所在地▶神奈川県川崎市多摩区登戸3435　ホーム▶2面3線(地上駅(橋上駅))　乗車人数▶81,162人　キロ程▶17.3km(川崎起点)

昭和2年3月、南武鉄道開業時に誕生。当時は終着駅だった登戸駅
登戸の起源は「のぼりくち」から。小田急線と連絡する沿線主要駅

橋上駅になる前の登戸駅。小田急とは改札外で連絡していた。2006年6月に橋上化され、小田急とはペデストリアンデッキで連絡。

1969年12月15日運転開始の快速電車(川崎−登戸間)のPR看板があるが1時間に1本で利用しにくかった。

1983年の登戸駅、後ろに小田急線ホームが見える。晴れ着姿の女性が見える。

クモハ11形400番台(旧モハ50)を先頭にした立川行4両編成。前3両は17m車、最後部は20mのクハ79。

南武線 ▶ 登戸

登戸駅を発車する6両編成の川崎行。72系4両基本編成に17m車2両、クモハ11ークハ16（旧クハ38）を増結。

ラッシュ時増結用のクハ16ークモハ11の2両。

単線区間を行く立川行4両編成。最後部は20mのクハ79。1960年に武蔵溝ノ口ー宿河原間、1963年に登戸ー稲城長沼間、1966年に稲城長沼ー西国立間が複線化された。先頭はクモハ11（200番台、旧モハ31）。

登戸駅2番線（中線）で折り返す101系電車。バックに小田急の築堤が見える。登戸駅。

COLUMN

市史に登場する南武線

稲城市史より抜粋

多摩川砂利鉄道

稲城の住民が古くから親しんできた南武線の前身は、多摩川砂利鉄道と呼ばれる私鉄であった。設立は大正9年（1920）である。営業目的は社名でもわかるとおり、多摩川の砂利を運ぶことが大きな目的であった。その後、武蔵国の南部を走る鉄道ということから、社名を南武鉄道と変えている。最初は蒸気機関車の動力で計画されたが、大正15年に電気動力になった。

川崎―大丸間の開通は昭和2年である。稲城村内には、大丸、稲城長沼、矢野口の3駅が設けられた。営業がはじまったのも同じ年である。（大丸は昭和6年に多摩聖跡口と駅名を変更している。聖跡とは、天皇が訪問された場所、という意味である。明治天皇は、この地でよくうさぎ狩りなどを楽しまれた。そこで、その遺徳をしのび、昭和5年に近くの丘の上に多摩聖跡記念館を建て、それがそのまま駅名となったのである。）

このようにして村内にはじめて鉄道が走ることになったが、開設のころは利用者がきわめて少なかった。稲城長沼駅の乗降客は、1回にわずか1人か2人であったという。

なお、昭和6年に多摩聖跡口の西、鉄道の近くに是政の競馬場の土取駅として南多摩川駅（正式名は南多摩川仮停車場）ができた（地図にはない）。この仮駅はその後、多摩川の砂利運搬の貨物専用駅として営業をつづけていたが、昭和14年に位置を東へ約300メートル移動し、駅名も南多摩と変え、貨物のほか旅客も取扱う駅として営業をはじめた。これが現在の南多摩駅である。したがって大丸（多摩聖跡口）駅は、昭和14年の時点で廃止された。

奥多摩の石灰石搬出

昭和4年（1929）になって、ようやく立川までの全線が開通した。大丸―立川間わずか10キロの建設に2年もかかったのは、多摩川の架橋と西府村（府中の一部）との軌道敷設の交渉が長びいたからである。

また、立川まで延長したのは、奥多摩の石灰石を浜川崎の浅野セメント工場へ直接運ぶためであった。それは青梅電気鉄道（JR青梅線）と五日市鉄道（JR五日市線）を使って立川から中央線で八王子、横浜線で東神奈川、そして東海道線を経て川崎へ運ぶという複雑な経路をとっていたのである。

はじめの計画がこのように大きく変化したことは、資本構成にもはっきりあらわれている。最初の大株主は川崎をはじめ沿線の地主や商人という、かなり広い範囲の階層であった。その後震災で砂利需要が急増すると、玉川電鉄や京王電気軌道などの法人が大口の株主として加わり、さらに昭和のはじめになると、そのころ川崎市の塩浜にセメント工場をもち、工業地帯の埋め立てをしていた浅野系の資本が過半数の株を所有するようになるのである。

いずれにせよ、社会情勢の変化により、わずか数年のあいだに、設立当初の資本構成とはかなりちがったものになってしまったのである。

なかのしま、いなだづつみ、やのくち、いなぎながぬま、みなみたま

中野島、稲田堤、矢野口、稲城長沼、南多摩

中野島駅：開業年▶昭和2（1927）年11月1日　所在地▶神奈川県川崎市多摩区中野島3-13-1　ホーム▶2面2線（地上駅）　乗車人数▶14,507人　キロ程▶19.5km（川崎起点）
稲田堤駅：開業年▶昭和2（1927）年11月1日　所在地▶神奈川県川崎市多摩区菅稲田堤1-1-1　ホーム▶2面2線（地上駅）　乗車人数▶25,643人　キロ程▶20.8km（川崎起点）
矢野口駅：開業年▶昭和2（1927）年11月1日　所在地▶東京都稲城市矢野口　ホーム▶1面2線（高架駅）　乗車人数▶10,004人　キロ程▶22.4km（川崎起点）
稲城長沼駅：開業年▶昭和2（1927）年11月1日　所在地▶東京都稲城市東長沼556　ホーム▶2面4線（高架駅）　乗車人数▶7,096人　キロ程▶24.1km（川崎起点）
南多摩駅：開業年▶昭和2（1927）年11月1日　所在地▶東京都稲城市大丸1043　ホーム▶1面2線（高架駅）　乗車人数▶6,831人　キロ程▶25.5km（川崎起点）

昭和2年に中野島、稲田堤、矢野口、稲城長沼、南多摩駅が開業
神奈川に稲田村、東京に稲城村が存在。現在は川崎市、稲城市に

私鉄時代のままの中野島駅の木造駅舎。現在は改築されているが地上駅のまま。

1967年の稲田堤駅、上り川崎行が発車。最後部は3ドア20mのクハ55形。京王稲田堤駅とは約300m離れ、徒歩7〜8分で連絡している。

矢野口駅も私鉄時代のままである。赤い丸型の郵便ポストが見える。2005年10月に高架化された。

関東地方に大雪が降った日の稲城長沼駅。2013年12月に高架化された。

南多摩駅はプレハブ造りに改築されている。乗車券の自動販売機が見える。2013年12月に高架化された。

1960年代後半から南武線も20mの72系が投入され17m車を置換えた。矢野口は2005年に高架化された。

多摩川鉄橋を渡る17m車4両の立川行。1976年に武蔵野線(府中本町ー新鶴見)が開通し、上流側に武蔵野線の鉄橋が建設された。

南武線▶中野島、稲田堤、矢野口、稲城長沼、南多摩

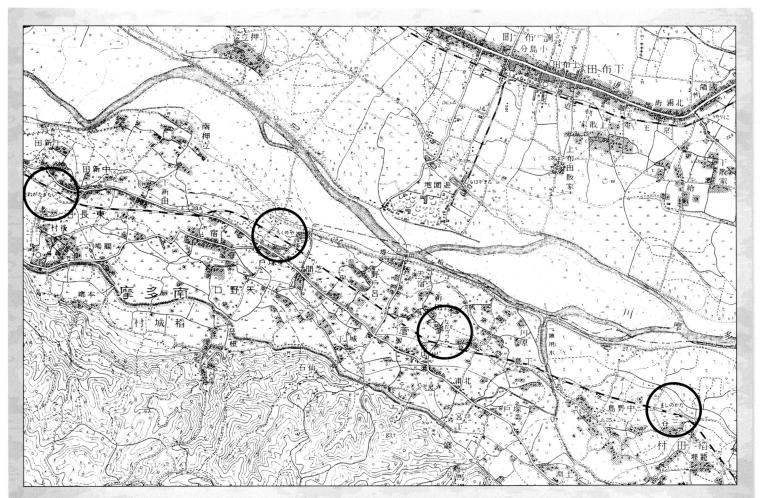

1927(昭和2)年 中野島、稲田堤、矢野口、稲城長沼周辺

　この中野島駅から稲城長沼駅にかけての南武鉄道は、多摩川の南岸をほぼ直線に進んでゆく。中野島駅北西の多摩川には、二ヶ領上河原堰堤があり、ここから二ヶ領用水が引かれていた。また、中野島駅は昭和22年に現在地に移転している。　次の稲田堤駅は、現在は京王相模原線の京王稲田堤駅との連絡駅であるが、この当時の京王線は、多摩川の手前(東京都側)の京王多摩川駅までしか開業していなかった。南武線の南側を走る府中街道(神奈川県道・都道9号)は、現在のようには整備されてはいなかった。稲田堤駅の南西、府中街道沿いの「出店」の文字付近に見える「文」の地図記号は、現在の川崎市立菅(すげ)小学校である。　現在は、鶴川街道が通る矢野口駅付近は、この当時、鶴川街道(都道・神奈川県道19号)、府中・川崎街道(神奈川県道・都道9号)ともに未整備の状態である。矢野口駅付近には「塚戸」「宿」「芝間」などの集落が存在している。「宿」の文字がある付近に見える「文」の地図記号は、現在の稲城市立稲城第一小学校である。稲城長沼駅の南側には、駅名の由来となった「東長沼」の集落が見える。明治22年まで存在した東長沼村が合併により、稲城村になり、この当時は駅の南側に稲城村(現・稲城市)の役場が置かれていた。

39

ふちゅうほんまち、ぶばいがわら、にしふ
府中本町、分倍河原、西府

府中本町駅：開業年▶昭和3(1928)年12月11日　**所在地**▶東京都府中市本町1-29　**ホーム**▶3面6線(地上駅)　**乗車人数**▶17,209人　**キロ程**▶27.9km(川崎起点)
分倍河原駅：開業年▶大正14(1925)年3月24日　**所在地**▶東京都府中市片町2-21-18　**ホーム**▶各2面2線(地上駅(京王線府中側・南武線)高架駅(京王線中河原側))　**乗車人数**▶40,036人　**キロ程**▶28.8km(川崎起点)
西府駅：開業年▶平成21(2009)年3月14日　**所在地**▶東京都府中市本宿町1-40-6　**ホーム**▶2面2線(地上駅(橋上駅))　**乗車人数**▶10,261人　**キロ程**▶30.0km(川崎起点)

府中本町駅は昭和3年に開業。昭和48年、武蔵野線との連絡駅に
古戦場で知られた、分倍河原駅。南武鉄道時代には西府、本宿停車場

撮影：荻原二郎
府中本町駅構内の南武鉄道クハ210形。同系にモハ150形がある。
1939年（昭和14年）

府中本町駅。奥にはED16牽引の石灰石列車が通過中。
撮影：山田虎雄
1967年（昭和42年）

撮影：小川峯生
単線区間を行く17m車4両の川崎行。この区間の複線化は1966年9月。
1968年（昭和43年）

分倍河原駅は京王線との乗換駅で、現在でもこの駅舎が使用されている。

撮影：山田虎雄
1970年（昭和45年）

撮影：小川峯生
下河原線との交差地点をゆく17m車4両の立川行。バックに下河原線（国分寺－東京競馬場前）の築堤、乗越橋と平行する歩道が見える。下河原線は1973年3月廃止、跡地は緑道となっている。
1968年（昭和43年）

COLUMN

市史に登場する南武線

府中市史より抜粋

南武鉄道の全通で府中地域鉄道網の原型成る

　武蔵野線と交わることになった国鉄南武線府中本町駅は、昔日の面影を全く留めぬ駅舎となった。昭和19年4月に戦時国有化されるまで、南武線は私鉄南武鉄道の本線だった。この南武鉄道と府中地域との係わりの中で注目すべきことは、是政河原産砂利の運搬線としての側面、多磨村・府中町・西府村を貫いて立川方面と南多摩・川崎方面とを結ぶ鉄道としての側面、東京競馬場最寄線としての側面である。

　南武鉄道はもともと川崎駅附近から稲城村大丸に到る「多摩川砂利鉄道」として大正9年1月に出願された。その名の通り、多摩川中下流域の砂利採取運搬を主眼とする鉄道にすぎなかった。多摩地方から川崎方面へ、多摩川南岸沿いに鉄道を敷設しようという計画は、すでに明治半ば「武蔵鉄道」などが樹てていたのだが、この大丸止りの砂利鉄道計画を、その出願直後に府中地域を通って立川へ延長することに変えたのは、川崎にある浅野セメント工場へ運ぶ青梅地方産の石灰石を、立川より、中央線八王子、横浜線東神奈川、東海道線川崎経由から、立川・川崎直通にしたい浅野セメント会社の思惑と資金が入ったためであった。かくて「南武鉄道」と改称したこの鉄道の主眼は砂利と石灰石の運搬にあり、乗客輸送と沿線の住宅地化促進は従たる位置にあった。

　昭和2年3月に川崎・登戸間が、ついで11月登戸・大丸が開通して、宿河原の砂利主産地そして是政河原からの砂利運び出しが可能となった。大丸からさらに立川までの延長工事の中には多摩川架橋の大工事と、西府村内での路線変更問題があったが、世界大恐慌直後の昭和4年12月、ついに開通した。これで府中地域を通る現存鉄道（武蔵野線を除いて）がほぼ出揃ったのである。

　南武鉄道には是政多摩川（のちに南武是政）、府中本町、分倍河原、本宿の各駅が設置された。南武是政駅は昭和2年末に地元吉野軍蔵名で、是政地内に停留場設置方出願があったのを、会社側もうけいれて出来た砂利積込み駅でもあったが、本宿駅ともども戦時中に廃駅となってしまった。府中本町駅は府中町中心部への停車駅であるだけでなく、昭和4年当時すでに府中進出を見込まれていた東京競馬場の最寄駅とすることが予定されていた。

　多摩川架橋工事にあたっては、田植え時であったため、玉南電鉄が四ツ谷用水組合とひと悶着起こしたように、3ヵ村用水の用水取入れに支障がないよう、用水担当者がくれぐれも注意していたにもかかわらず、やはり何らその対策が施されなかったので、昭和3年4月と5月に多磨村長は急施方を会社に申し入れた。

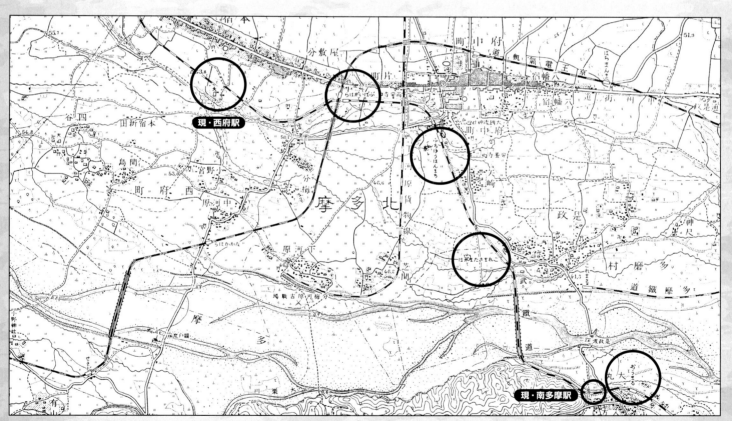

1930（昭和5）年　南多摩、府中本町、分倍河原、西府周辺

　現在の南多摩駅の前身である、大丸停留場から多摩川を渡り、分倍河原駅に至る南武鉄道の地図である。この当時は、府中本町駅と大丸駅（停留場）の間に、是政多摩川駅が存在した。地図上には、京王電気軌道（現・京王電鉄）とともに、下河原貨物線が見える。この下河原貨物線は、明治43年に東京砂利鉄道として開業し、大正9年に鉄道省により買収されたが、翌年廃止され国分寺の構内扱いになった。昭和9年に、東京競馬場開設があり再開し、また引込み線も設けられた。南武鉄道は、多摩川を渡って是政多摩川駅に至るが、砂利採掘場までの支線もあったようである。昭和8年に是政の集落の北側に府中競馬場が出来る（目黒競馬場を誘致）とその乗降客で混雑するようになった。分倍河原駅で連絡する京王電気軌道は、大正5年に府中駅まで伸び、大正14年に八王子駅まで伸びた。甲州街道の南側から北側に回って、府中の北西側から南に向かい多摩川を渡っている。1372ミリの軌道は昭和2年に完成している。多摩鉄道は、砂利採取目的で設立され明治43年開業された。大正8年に常久（現・競艇場前）駅まで延伸開業し、是政駅まで延伸されたのは大正11年である。昭和2年には、西武鉄道が合併して多摩線（現・西武多摩川線）となった。

やほ、やがわ、にしくにたち

谷保、矢川、西国立

谷保駅：開業年▶昭和4(1929)年12月11日　所在地▶東京都国立市谷保5012　ホーム▶2面2線(地上駅(橋上駅))　乗車人数▶10,259人　キロ程▶31.6km(川崎起点)
矢川駅：開業年▶昭和7(1932)年5月20日　所在地▶東京都国立市石田660　ホーム▶1面2線(地上駅(橋上駅))　乗車人数▶8,058人　キロ程▶33.0km(川崎起点)
西国立駅：開業年▶昭和4(1929)年12月11日　所在地▶東京都立川市羽衣町1-25-23　ホーム▶2面2線(地上駅)　乗車人数▶10,071人　キロ程▶34.3km(川崎起点)

**谷保駅は、国立市役所の最寄り駅。矢川駅は、昭和7年に誕生した
西国立駅は昭和4年、立川延伸時に開業。立川機関区が存在した**

1968年(昭和43年) 撮影:小川峯生
単線時代の谷保付近をゆく立川行(光線状態から後追い撮影)最後部はクモハ73。この区間の複線化は1966年。

1983年(昭和58年) 撮影:高木堯男
103系混色編成。101系も103系も他路線からの寄せ集めで「中古車線」ともいわれた。

1965年(昭和40年) 撮影:荻原二郎
谷保駅は中央線の国立駅まで1.8km、徒歩30分弱の距離。近くに谷保天満宮がある。現在は橋上化されている。

1965年(昭和40年) 橋上化工事が始まった頃の約半世紀前の矢川駅。 撮影:荻原三郎

1967年(昭和42年) 撮影:山田虎雄
西国立駅近くには機関区があった。後方の建物は機関区の事務所。

1983年(昭和58年) 撮影:高木堯男
南武線で貨物牽引に活躍したED16もEF64に置き換えられ、西国立に留置されていた。

西国立には南武鉄道時代から機関区（立川機関区）がありED16が配置されていた。1982年から83年にかけてEF64に置き換えられた。短期間だがEF15が奥多摩まで入線したこともある。

1983年（昭和58年）

南武線 ▶ 谷保、矢川、西国立

撮影：高木堯男

COLUMN

市史に登場する南武線

国立市史より抜粋

砂利と石灰と南武鉄道

　南武鉄道も私鉄で、当初は多摩川の砂利を川崎の臨海工業地帯に運ぶ目的で計画され、名称も多摩川砂利鉄道であった。大正9（1920）年1月29日に川崎・稲城間の敷設免許を得たあと、同年3月に南武鉄道と名称を変更した。その後、川崎の浅野セメントを主力とする浅野系資本が導入され、大正13年2月に府中・国分寺間と稲城・立川間、昭和2（1927）年5月に尻手・浜川崎間の免許を得た。立川・浜川崎間は浅野セメント川崎工場に原料の石灰石を直送するための免許取得だろう。また、大正15年10月には、汽車鉄道から電気鉄道への動力切り替えが認可されている。

　路線はまず昭和2（1927）年3月に川崎・登戸間が開業し、そのあと砂利採取のための支線も含め順調に敷設が進み、同年11月1日には登戸・多摩聖跡口間、翌昭和3年12月11日には多摩聖跡口・分倍河原間が開業し、府中と川崎が電車で結ばれることになった。

　さらに、昭和4年12月11日には、分倍河原・立川間が開通し、谷保村に2本目の鉄道ができた。国分寺・立川間に電車が開通して約半年後である。分倍河原・立川間には、西府・谷保・西国立・東立川の4停車場が誕生した。このうち、谷保駅と西国立駅はいまもあるが、甲州街道と南武線が交差した所にあった西府駅と、立川市羽衣町第2アパートの南端にあった東立川駅、昭和19年4月に買収されて国鉄南武線となったときに廃止された。開通時の電車賃は1駅5銭、立川・分倍河原間は17銭で、立川・川崎間1時間13分を25分間隔で結んだ。立川・分倍河原間は18分で走った。

　川崎・立川間の全線開通祝賀会は、現在は無門庵のある西国立駅構内の広場で、花火やいろいろな余興もあって、盛大におこなわれた。府中本町・立川間は、当日限り、無料で地元の人たちを乗せた。「わたしらは何より電車に、ただ乗れるのが魅力で、友だちと誘い合って行ったものです」（松本清、『国立の生活誌』1）。

　電車は開通したが、谷保の人びとは、府中へも立川へも、徒歩や自転車で行くのが普通で、南武線はほとんど利用しなかった。10銭出せば餅菓子が6個も食べられるのだから、電車に乗るよりは、ふだんなかなか食べられない餅菓子を食べた方がよかったという（馬場吉太郎談）。電車の乗るという習慣がなかったのである。

　開通当時はタダだったので「満員だったが、その後はほとんど乗客は皆無」だった。「電車も小さくて、1両だけで走っていたが、いつも2人乗りで、車掌さんが前へ来て、運転手と何かを話しながら、のんびりと走っていた。たまたま1人か2人お客が乗っていると大ニュースで、学校へ行って、皆に話して大騒ぎだった」という。どの駅にも「電車にお乗りの方は、お手を上げてください」という看板が掛けてあり、合図がないと止まらずに通過したという（松本清、『国立の生活誌』1）。

　「南武線は昭和4年にひけたの。だからそのころはね、ひとつ箱（1両）ですよ、走ってたの。そんで花見時なんか、お客がちょっと乗るなんて時にゃ、今より4分の1ぐらい小さいのを4つ（4両）ぐらいくっつけてね。その時は臨時列車みたいのが通った覚えてんね。人がほとんど乗らなかったね。最初は。花見は、稲田堤、登戸ね」（長島範三郎、『国立の生活誌』6）。「昭和9年に分家して駅（谷保駅）の北側に出て、まだ駅は寂しくて、南武線の駅ちかくに家を建てると、1か年間家族とも無料（電車代）だということで、宣伝してたんです」（北島芳雄、『国立の生活誌』6）。

　矢川駅ができたのは昭和7年5月20日で、住民の寄付によって駅が造られ、最初は無人の矢川停留所であった。「町のためだからって寄付を集めて土地を買った。はじめは踏み台のような階段があって、電車はただ止まっただけでした」（佐伯イヨ、『国立の生活誌』1）。矢川停留所も利用客が少なく、国に買収された昭和19年4月に危うく廃止されるところを運動してくい止め、駅に昇格したが、戦後の昭和37年になっても、出札、改札、駅長から何から何まで、たった1人の駅員がやっていた（『谷保から国立へ』）。

43

たちかわ
立川

開業年▶明治22（1889）年4月11日　**所在地▶**東京都立川市曙町2－1－1　**ホーム▶**4面8線（地上駅（橋上駅））　**乗車人数▶**163,903人　**キロ程▶**35.5km（川崎起点）

明治22年、新宿から延びる甲武鉄道の終着駅・立川駅が誕生
JR中央・南武・青梅線の連絡駅。人口18万人、立川市の玄関口

撮影：荻原二郎
立川駅南口、駅前広場は狭く雑然としている。南口には商店街が広がっていた。

撮影：岩堀春夫
立川駅の南側に南武線ホームがあった（6、7番線）クモハ73（600番台）を先頭にした立川行が到着。架線柱も私鉄時代のままである。

撮影：荻原二郎
貨物列車を牽引するED18とED16。立川駅。

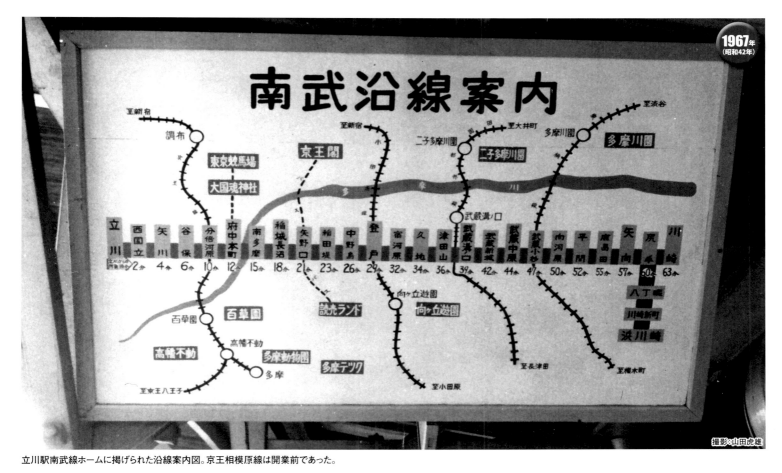

立川駅南武線ホームに掲げられた沿線案内図。京王相模原線は開業前であった。

南口から見た立川駅の空撮、国鉄中央本線と南武線ホームは離れており、いかにも私鉄然としていた。その間には待避線があり貨物列車が止まっていることが多かった。北口と南口間は狭い地下通路が1本あるだけでラッシュ時は大変な混雑だった。

COLUMN

市史に登場する南武線

立川市史より抜粋

　立川町が三多摩地区のセンター化してくるにつれて、諸鉄道がまた立川を中心として激設された。昭和5年3月25日に南武鉄道が開通し、立川と川崎が結ばれ、同年7月5日には立川と五日市を結ぶ五日市鉄道が開通した。これで明治22年4月11日開通の甲武鉄道（明治40年国有鉄道中央本線）、明治27年11月19日開通の青梅鉄道（大正12年4月25日全線電化）と4線の鉄道が集まり、軍需都市としていよいよ発展の基盤を確立し、転住者数も激増した。（これら3私鉄は昭和19年に全部国有鉄道に買収された。）

　満州事変から日華事変へと戦争が拡大するにつれて立川の軍需産業は増産体制を整えるのに懸命であった。

　昭和15年になると近隣の諸県から、或は遠く東北地方から立川周辺の軍需工場へ莫大な数の工員が集中してくるようになった。これらの工員は大体工場の従業員独身寮に収容していた。この他に多くの協力工場があり、その従業員には専ら立川市及其周辺の農村の有閑人口を当てて、労働力の確保を企てていたので、近郊より立川市への通勤者が激増した。こうした場合、立川は三多摩の人口を吸収するのに最も好条件を具えていた。中央線を通して南多摩郡西南部、更には山梨県方面の、青梅線を通じて北多摩、西多摩西北部方面の、そして五日市鉄道を通して西多摩西南部方面の、また南武線を通して、北多摩南多摩東部の農村の有閑人口を容易に立川に集中させることができた。

　昭和12年と昭和15年との立川駅乗降客数を比較してみると、大体3倍の増加率を示している。

　昭和12年には立川駅の1日の乗降客は1万2千人であったが、昭和15年には4万人の乗降客にふくれあがっている。これは陸軍関係の官庁、および軍需関係会社や工場への通勤者による増加であることは疑いないところである。

（中略）

　立川町ではその交通の要衝という地誌的条件から諸官庁の設置にともない、東京府の重要な都市としての機能を新たにもつようになった。それに伴ない、人口は増加し、市街地も北側の商店街の著しい発達と対称的に、南側は住宅地として急速に発展を見るに至ったのである。

　都市としての将来の大発展を思い南側地区は駅を中心に耕地整理を行ない、碁盤目の幅広い整然たる道路を敷設して都市計画を立てていた。それは早くも昭和2年に着手されている。第1耕地整理組合の手により、主として駅前より西側地区を整備をしたのであった。

　昭和11年には、東京府立第2中学校通り、東側一帯の地域が第3耕地整理組合の手により行なわれたのである。東西、南北に一面の桑畑の間を、規則正しく広い道路が整然と走る光景はまことに壮観であった。このように住民の協力のたまものとして南側の都市計画は早くから完成されていて、住宅街として発展の基盤が確立されていたのである。

（中略）

　昭和20年8月15日、聖断が下ってわが国はポツダム宣言を受諾し、帝国陸海空軍部隊は連合国軍に無条件降服をした。時を移さず連合国軍はハーシー提督のアメリカ海軍第3艦隊が相模湾へ、8月28日に陸軍部隊を厚木飛行場へ進駐させ、同月30日には連合国軍最高司令官ダグラス・マッカーサー元帥が厚木に着いた。越えて9月3日から4日にかけて、米軍進駐部隊はジープやトラック等に分乗して立川市内に進駐して来たのである。

（中略）

　アメリカ軍司令部兼宿舎としては、一先ず府立2中の校舎が使われ、将校宿舎として楽水荘や、料亭楽平があてられ、一般軍人は曙町の都立立川短期大学の校舎（旧陸軍特攻隊宿舎）を兵舎として使用した。進駐米軍は1ヶ月もたつと直ちに工作のため多摩川の砂利取り作業を日野橋附近で開始した。初めてみる外国軍隊の機械力の物凄さに住民は今更の如く一驚させられた。米軍は日本人労務者の雇用を開始し、戦後の混乱で極端な食糧難と物価高で苦しめられていた住民は、これが1つの救いの手となって、当時の人々は忽ちこの米軍の雇用に応じて、基地勤めがはじまった。米軍がカンズメ類や、メリケン粉などの食糧を放出し、それらの人々の飢を医していたのもその頃のことであった。

（中略）

　こうした闇市は早くも昭和20年10月頃から、戦時中に強制疎開をしていた立川駅北口前の疎開跡の広場に露店や、テント張りの立売店が立ちはじめていた。現在の立川駅前交番附近から、中武ビルの附近一帯に露店が高松町通りに向って1列に並びその背後にもう1列並んでいて、それぞれ2列の店と店との間に細い道が通っていた。そこではおでん・食料品・衣料等が売られていた。物々交換をしている店などもあって、米、粉などがその当時の最良の交換品であった。また現在の北口交番から三菱銀行前バス停留所にいたる広範囲の土地に、テント張りの露店が立ち並んで、古びた板で作った棚に品物をのせたり、地上に並べたりして、人々の混雑ぶりが目立った。現在の伊勢丹の裏側にも闇市が立っていた。駅前の建物といっても多くは空家で、そこは米兵や、土地の浮浪者が利用していた。

　日本人の立入を禁止していた当時の米軍基地はまだ一般市民には無気味な存在であった。曙町から高松町にかけて、基地の辺縁は鉄線をはりめぐらし、内には完全武装した兵隊が、銃をかまえながら見張りについていたので、一般日本人達は近寄ることなど思いもよらないことであったのである。

（中略）

　戦後特に顕著な発達を遂げたのは、4つのデパートが林立する立川駅北口商店街である。1日約20万を算える国鉄立川駅の乗降客と、市内の周縁地域をくまなく結びつけている5社91路線に及ぶバス網の乗降客によって支えられるこの商店街は、休日などは買物客が歩道に溢れ、副都心や、ターミナル並みの混雑を呈している。街頭と言い、デパートの内部と言い、その混雑ぶりは、到底人口10万の都市の混雑とは思えない程の物凄さである。駅前通りの中心街にはデパートの他、各銀行支店、証券会社支店、各種事務所が集中し、駅の左側、かつての南口への迂回路である銀座通りへも及んでいる。北口広場から約3百米ばかり北に、フィンカム基地のゲイトがあるが、そこまで中央にグリーンベルトをもち、両側に並木のある広い道路がつづき、両側にずらりと高層建築が並び、そのゲイトの手前にある曙橋の交叉点から駅までの2百米がデパート街である。この曙橋というのは、かつて基地からの廃水を多摩川に流すために、昭和19年陸軍の北口駅前の強制疎開と共に、大正14年以来の懸案であった排水問題の解決がもたらされて割堀が作られた。それを緑川と呼び、その上に架けられた橋の名である。そしてこのことは戦後の北口発展の一因をなしているので、戦時下の施策によって長い間の懸案が実現されたのである。

（中略）

　南口と言えば北口駅前大通商店街に対して、全く異った様相を呈する。南口駅前通りは、嘗ては北口よりも遥かに幅広い碁盤目の道路で整然として広さを感じたが、今日では全く逆になってしまった。駅前は昭和5年12月1日の南口開設当時と殆ど変らず、いまでは全く狭隘で、バス1台の回転操車すら不可能で、タクシーも2、3台駐車すればあとは身動きできない。その狭い道路に大型巡環バス・タクシー・トラック・人間がひしめき合っている。商店街はアーケードもなく、大きなウインドーもない昔ながらの小さな商店が並び、全く近代化の曙光すら見られない。目下南口の近代化大整備の都市計画図はあるが、1日も早く整備しなければ、立川市の発展にも、また北側と南側のバランスのとれた発展の上にも、大きなマイナスである。立川駅乗降客の4割が南口を利用している以上、速やかに南口駅前が近代化されることは立川全市民の期待するところである。

　立川市を南北に分断し、市街地を中央から真2つにさいて、南北両地区の交通を遮断している、さながら封建時代の領主の居城のような国鉄立川駅の存在は、確かに市民生活上の癌である。そしてこのことが永く南口方面の発展を立遅れさせた結果にもなった。ともあれ中央線の南側は、立川市発祥の母体をなす地域であって、旧柴崎本村地区に近づく程、そこには杉や檜、あるいは欅などの屋敷林にかこまれた旧家の屋敷構えが今でも多く見うけられるのである。その一角と、立川駅南口の、嘗ての桑畑であった地域に、近代建築の小さな新住宅が見られるが、概して南口駅前の商店街をのぞけば静かな住宅街である。そしてその間に、市庁舎・公民館・図書館・警察署・消防署・検察庁などの官公署が点在し、行政街・文教街を形成している。これが立川市の南口側の地域的特性である。

■■■ 第2章
鶴見線

鶴見線は鶴見－扇町間7.0kmの本線と、浅野－海芝浦間1.7km、武蔵白石－大川間1.6kmの支線がある。沿線は京浜工業地帯の中心で大規模工場が多く、工場勤務者の通勤輸送が最大の使命だが、沿線住民の利用もある。工場への貨物輸送ももう一つの使命で、貨物線が並行し、工場への専用線も数多く分岐しているが、近年その数は減りつつある。最近は工場夜景などを「鑑賞」することが静かなブームとなっている。60～70年代の高度経済成長への郷愁が背景にあろう。鶴見線に乗ることで、かつての「ものつくり」大国ニッポンを追体験できる。

鶴見線昭和付近の浅野運河を渡る鶴見線17m電車3両編成。先頭はクモハ11（100番台、旧モハ30）省線電車最初の鋼製車で製造時のダブルルーフ（二重屋根）のまま。

鶴見線の歴史

The history of the Tsurumi line

京浜工業地帯への貨物線の建設

　川崎から鶴見にかけての臨海部は多摩川、鶴見川から流出する土砂が堆積して遠浅の海岸となっていたが、明治末年からこの一帯を埋立て、工業地帯にする造成事業が始まった。この事業は浅野総一郎（1848～1930）が創設した浅野財閥が中心となって行われ、浅野セメント（現・太平洋セメント）、浅野造船所（現・ユニバーサル造船）、日本鋼管（現・JFEスチール）など浅野財閥系の工場を中心に石油、金属、化学、機械、ガラスなどの工場が立地した。この工業地帯への貨物輸送のため国鉄（鉄道省）は川崎－浜川崎間に貨物線を建設し1918（大正7）年5月に開業した（この貨物線は1973年10月に廃止）。

日本鋼管鶴見10号。1912年、米国ボールドウイン製の機関車。僚機の9号は現在でも愛知県明治村で客車を牽く現役である。

三井埠頭1号。扇町から自社の埠頭までの専用線で働いた元国鉄B10形（B106）。

昭和電工2号。1885年、英国製の古典機関車。この専用線は扇町から分岐していた。

浅野セメント川崎工場専用線で使用された元国鉄1400形蒸気機関車1404号、1895年ドイツ・クラウス社で製造され九州鉄道が輸入、大正末年に廃車されて各地の私鉄、専用線に払い下げられた。

鶴見臨港鉄道の開通と電車運転

　鶴見線の前身である鶴見臨港鉄道は、浅野財閥および臨海部に進出した企業の出資で設立され、浜川崎で国鉄貨物線に接続しての貨物輸送が目的で、沿線の工場、倉庫、港への引込線も敷設された。浜川崎－弁天橋間および大川支線、石油支線（石油駅は後に浜安善となり現在廃止）が1926（大正15年）3月に、浜川崎－扇町間が1928（昭和3）年8月に開通した。当初は非電化の貨物線だったが、工場従業員の通勤輸送、沿線の会社、工場への訪問者のため電化して電車運転を行うことになった。

　1930（昭和5）年10月、弁天橋－鶴見（仮）間が開通し、同時に電化され鶴見（仮）－扇町間および石油支線に電車が運転され、大川

支線は1931年7月から電化され、電車が運転された。浅野－新芝浦間は芝浦製作所（現・東芝）の専用線を引継いで1932年6月から電車が運転された。

新芝浦－海芝浦間は1940（昭和15）年11月に開通したが、ここは芝浦製作所への通勤者のための駅で、現在でも改札外は会社敷地で関係者以外は立入りができない。1934（昭和9）年12月、現在の鶴見駅が完成し仮駅は廃止された。今でも鶴見駅の鶴見線ホームは建設時と変わっておらず、昭和初期の私鉄駅の雰囲気が残っている。なお石油支線は1938年12月に旅客輸送が廃止され、貨物線となった。

国有化された鶴見線は17m車天国

1943（昭和18）年7月、太平洋戦争の激化に伴ういわゆる戦時買収で鶴見臨港鉄道は国有化され鶴見線となった。理由は沿線に重要港湾施設、軍需工場が立地し海陸一貫輸送のために施設整備をする必要からである。

買収当時は軍需工場への通勤者で朝夕は超満員で女性工員専用車（1941年2月登場）もあった。次々と軍隊にとられる男性工員の代わりに多くの若い女性が工場に動員されていた。戦争末期にはわが国初の4ドア車（サモハ220形、本来は電動車だが戦時下で電装品が入手できず付随車として使用）が登場した。

戦後は南武線と同様、昭和20年代前半に国鉄形17m車に置き換えられたが、戦後長らく17m車（クモハ11、クモハ12、クハ16）だけで運転され17m車天国だった。

1972（昭和47）年3月から20mの72系電車3両編成への置き換えが始まり、同年中に完了したが、20m車が入れない大川支線用に17m車の両運転台クモハ12が2両残った。武蔵白石駅の大川支線ホームは急カーブ（半径150m）で、20m車ではホームに抵触するからである。

工場鑑賞ブームで注目をあびる

1979（昭和54）年12月、101系3両編成（塗色はイエロー）が鶴見線に投入され、翌80年1月20日には72系のお別れ電車が走った。1990（平成2）年8月から103系3両編成への置き換えが始まり、1992年5月にはすべて103系となった。大川支線のクモハ12形はJR東日本最後の旧型電車でファンに人気があったが、1996（平成8）年3月15日限りで運転を終了し、翌日から103系3両編成が鶴見－大川間を直通運転し、武蔵白石は通過となった（同駅の大川支線ホームにはその後に撤去）。同年3月24日にはクモハ12のお別れ運転が行われた。

山手線E231系500番台投入に伴う、205系転属の一環として鶴見線にも2004年8月から205系3両編成により、103系置換えが始まり、2005年12月に完了した。現在の鶴見線はすべて205系3両運転だが、最近の「工場萌え」「工場夜景観賞」ブームで注目されている。

昭和駅は昭和電工、昭和石油の最寄り駅のため名付けられた。現在でも開設時のままである。

浅野駅停車中の上り鶴見行。昼間は両運転台クモハ12が1両（単行）で運転していた時代もあった。左側に海芝浦へのホームがある。

つるみ、こくどう、つるみおの、べんてんばし

鶴見、国道、鶴見小野、弁天橋

鶴見駅：開業年▶明治5(1872)年9月12日10月15日　所在地▶神奈川県横浜市鶴見区鶴見中央1－1－1　ホーム▶1面2線(地上) 2面2線(高架)　乗車人数▶79,672人　キロ程▶0.0km(鶴見起点)
国道駅：開業年▶昭和5(1930)年10月28日　所在地▶神奈川県横浜市鶴見区生麦5－12－14　ホーム▶2面2線(高架駅)　キロ程▶0.9km(鶴見起点)
鶴見小野駅：開業年▶昭和11(1936)年12月8日　所在地▶神奈川県横浜市鶴見区小野町24　ホーム▶2面2線(地上駅))　キロ程▶1.5km(鶴見起点)
弁天橋駅：開業年▶大正15(1926)年3月10日　所在地▶神奈川県横浜市鶴見区弁天町1－2　ホーム▶1面2線(地上駅)　キロ程▶2.4km(鶴見起点)

鶴見駅は明治5年に誕生。鶴見臨港鉄道の駅は、大正15年に開業
国道交差点に国道駅、小野町に鶴見小野駅。弁天橋駅は大正15年開業

鶴見小野駅。最低区間20円の自動券売機がある。

鶴見駅西口。2階部分に鶴見線のホームがある。

国道駅入口、高架駅だが戦前のままで昭和モダンの雰囲気が漂う。第一京浜国道と交差するところから国道の名がある。

工業高校前駅に進入する鶴見臨港鉄道モハ200形、この車両は明治末年に国鉄（当時は鉄道院）山手線用として造られたナデ6100形。

開設時の三角屋根がある弁天橋駅。私鉄時代から車庫があり、国鉄時代は弁天橋電車区。現在は中原電車区鶴見線営業所になっている。

鶴見駅で発車をまつクモハ11（400番台、旧モハ50）－クハ16の2両編成、海芝浦行。鶴見駅は今でも1934年建設時のままで私鉄時代の面影を残し、昭和初期の貴重な鉄道遺産である。

鶴見線 ▶ 鶴見、国道、鶴見小野、弁天橋

1966年（昭和41年）
カーブした国道駅を発車する1両のクモハ12、後部に車掌の姿が見える。
撮影：山田虎雄

1966年（昭和41年）
国道駅を発車するクハ16形（200番台、モハ30形をクハ化した車両）製造時はダブルルーフだったが、戦後に丸屋根に改造された。車体にはリベット（鋲）が多く古さが漂い古豪の風格があった。
撮影：山田虎雄

1967年（昭和42年）
国道～鶴見小野間の鶴見川を渡るクモハ11－クハ16の2両編成。コンクリート橋である。
撮影：荻原二郎

1968年（昭和43年）
対向式ホームの鶴見小野を発車する上り鶴見行。2両で後部はクハ16。
撮影：山田虎雄

1967年（昭和42年）
鶴見－海芝浦を1両で往復していたクモハ12形。
撮影：小川峯生

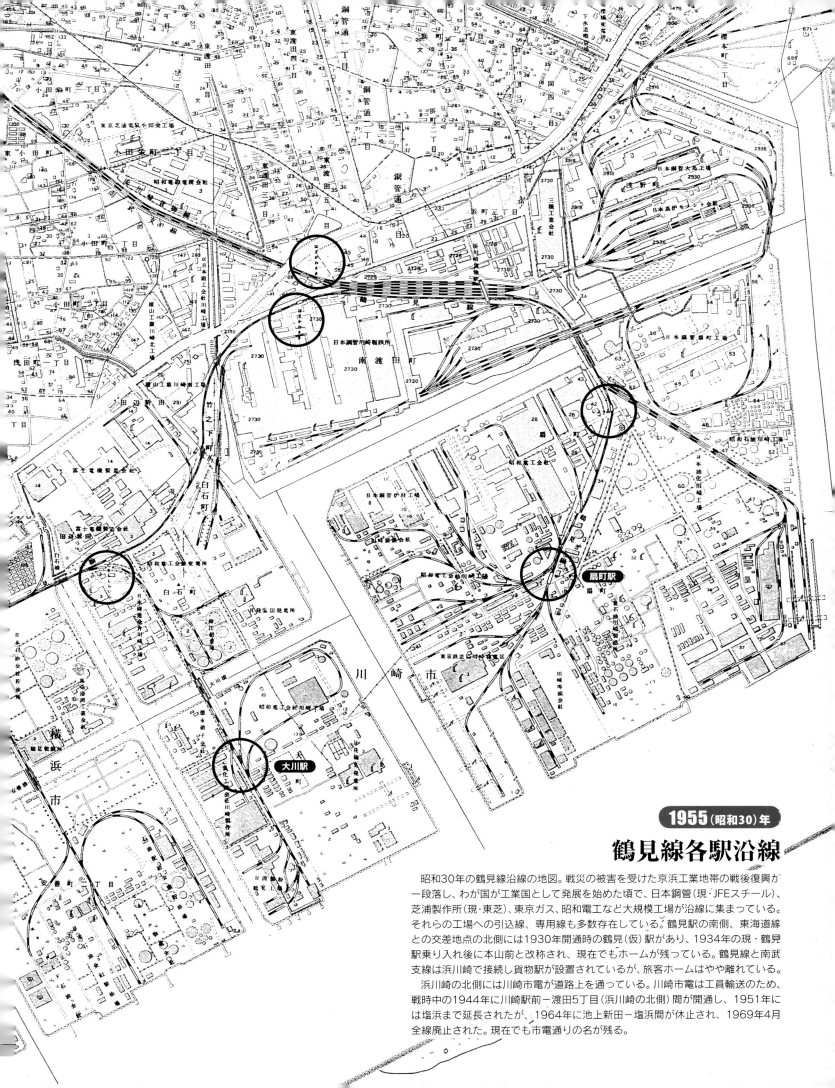

1955(昭和30)年 鶴見線各駅沿線

昭和30年の鶴見線沿線の地図。戦災の被害を受けた京浜工業地帯の戦後復興が一段落し、わが国が工業国として発展を始めた頃で、日本鋼管(現・JFEスチール)、芝浦製作所(現・東芝)、東京ガス、昭和電工など大規模工場が沿線に集まっている。それらの工場への引込線、専用線も多数存在している。鶴見駅の南側、東海道線との交差地点の北側には1930年開通時の鶴見(仮)駅があり、1934年の現・鶴見駅乗り入れ後に本山前と改称され、現在でもホームが残っている。鶴見線と南武支線は浜川崎で接続し貨物駅が設置されているが、旅客ホームはやや離れている。

浜川崎の北側には川崎市電が道路上を通っている。川崎市電は工員輸送のため、戦時中の1944年に川崎駅前－渡田5丁目(浜川崎の北側)間が開通し、1951年には塩浜まで延長されたが、1964年に池上新田－塩浜間が休止され、1969年4月全線廃止された。現在でも市電通りの名が残る。

あさの、あんぜん、むさししらいし
浅野、安善、武蔵白石

浅野駅：開業年▶大正15（1926）年3月10日　　所在地▶神奈川県横浜市鶴見区末広町2－1　　ホーム▶3面4線（地上駅）　　キロ程▶3.0km（鶴見起点）
安善駅：開業年▶昭和5（1930）年10月28日　　所在地▶神奈川県横浜市鶴見区安善町1　　ホーム▶1面2線（地上駅）　　キロ程▶3.5km（鶴見起点）
武蔵白石駅：開業年▶昭和6（1931）年7月25日　　所在地▶神奈川県川崎市川崎区白石町1－5　　ホーム▶2面2線（地上駅）　　キロ程▶4.1km（鶴見起点）

鶴見線には、実業家名に由来する駅。浅野・安善駅はその代表格 武蔵白石駅は二代目、初代の駅は貨物駅として大正15年に誕生

浅野財閥の創始者浅野総一郎の名にちなんだ浅野駅。ここで海芝浦支線が分岐している。
撮影：山田虎雄

安田財閥の創始者安田善次郎にちなんだ安善駅。ここの南側に米軍の貯油施設があり、ここから拝島まで石油輸送列車が運転される。
撮影：山田虎雄

武蔵白石駅の駅舎は現在もそのままである。構内で大川支線が分岐するが、現在この駅には止まらない。

武蔵白石駅の駅名板。白石は日本鋼管（現・JFEスチール）の創設者白石元治郎にちなむ。
撮影：山田虎雄

撮影：山田虎雄

鶴見線 ▶ 浅野、安善、武蔵白石

1959年（昭和34年）
撮影：荻原二郎

C11が牽引する鶴見線貨物列車。鶴見線は工場の専用線が多数分岐。貨車は工場の残滓を載せた「ナベトロ」を運ぶ。

1955年（昭和30年）
撮影：中西進一郎

海芝浦支線が分岐する浅野駅。左が扇町方面、右が海芝浦方面、電車は海芝浦からの上り電車。

はまかわさき、しょうわ、おおぎまち

浜川崎、昭和、扇町

浜川崎駅：開業年▶大正7(1918)年5月1日　所在地▶神奈川県川崎市川崎区南渡田町1-2　ホーム▶2面4線(実質2面3線)（地上駅）　キロ程▶5.7km(鶴見起点)
昭和駅：開業年▶昭和6(1931)年3月20日　所在地▶神奈川県川崎市川崎区扇町1　ホーム▶1面1線(地上駅)　キロ程▶6.4km(鶴見起点)
扇町駅：開業年▶昭和3(1928)年8月18日　所在地▶神奈川県川崎市川崎区扇町4-5　ホーム▶1面1線(地上駅)　キロ程▶7.0km(鶴見起点)

浜川崎駅には、鶴見線・南武線（浜川崎支線）・東海道貨物支線
昭和肥料から命名された昭和駅。浅野家の家紋が扇町駅名の由来

1966年(昭和41年)　南武支線浜川崎駅、鶴見線浜川崎駅とは道路を隔てている。

南武支線浜川崎駅ホーム。尻手町行のクモハ11-クハ16の2両編成が待っている。この区間は20〜30分間隔だった。右に30円(最低運賃)から210円(50km)までの多能式自動券売機がある。
撮影：山田虎雄

1973年(昭和48年)

1967年(昭和42年)　浜川崎駅の鶴見線駅舎。今では南武支線の駅ともども無人化され、駅舎は撤去されている。
撮影：荻原三郎

1966年(昭和41年)　鶴見線の終点扇町駅、周囲は三菱石油の工場などがあり、貨物駅もある。この木造駅舎は現在は取り壊されている。
撮影：山田虎雄

1967年(昭和42年)　木造駅舎の昭和駅、鶴見線はこの区間は単線だが右に貨物線が平行。駅にはトラベルフォトニュースが貼ってある。ダイヤ改正や列車増発、新車情報が掲示されファンにとって楽しい情報源だった。
撮影：荻原三郎

1954年(昭和29年) 鶴見線を行く木造荷物電車(モニ13形)貨車を牽いている。電車区への配給電車と思われる。

撮影:竹中泰彦

1954年(昭和29年) 鶴見臨港鉄道の蒸気機関車304号(国有化後1770形1770号)と思われる。1952年に廃車となっているがその後も沿線工場の専用線で使用された。

撮影:竹中泰彦

鶴見線▶浜川崎、昭和、扇町

COLUMN　　　市史に登場する鶴見線

川崎市史より抜粋

鶴見臨港鉄道の開通

大正13年(1924)2月、浅野総一郎・大川平三郎・白石元治郎ら企業家7人が発起人となり、鶴見臨港鉄道会社の設立を計画した。海岸電気軌道が埋立地への工場の新設・増加にともなう通勤輸送に着目して敷設されたのに対し、鶴見臨港鉄道は埋立地の企業家が貨物輸送の利便を求めて創立したものであった。

計画では、橘樹郡田島町を起点とし、潮田町に至る区間に鉄道を敷設し、各工場の専用線と接続させるものであった。この地域の状況について「第1回営業報告書」は次のように説明している。(『鉄道省文書』1監督　鶴見臨港鉄道巻1 交通博物館蔵)。

神奈川県橘樹郡鶴見在、潮田町、田島町地先、東京湾埋立株式会社埋立地ハ、京浜間ニ於ケル理想的工業地ニシテ、横浜港ニ隣接シ、……近時ノ発展著シク、将来本邦随一ノ工場地帯タルヘキハ何人モ疑ハサル処ナリ、然レトモ未タ陸上交通運輸ノ便ヲ欠キ不便不尠、鉄道布設ハ焦眉ノ急ヲ告クルニ到リ……

大正13年(1924)4月26日に浜川崎—弁天橋間、白石—大川間、安善—石油間の敷設免許が下り、7月には東京市日本工業倶楽部で会社設立総会が開催され、代表取締役に浅野総一郎が就任した。本社は冥京駅前の海上ビル内に設置され、建設事務所は潮田町と末広町2丁目に置かれた。人員は、鉄道従業員および役員を含めて19人であった(同右)。

工事は埋立地間の運河に71の橋梁を架けることから始まり、大正14年下期から線路の敷設工事に入った。翌年3月早くも浜川崎—弁天橋間および大川支線が開通した。ところが残る安善—石油間の石油支線は、工事区間における橋梁の地盤が軟弱なため工事が延期され、4月10日に至ってようやく営業を開始した。ちなみに「工事竣功監査報告書」には「機関車ニ満載セル貨車6輛ヲ連結シ平均12、3哩ノ運転速度ヲ以テ」走行する単線蒸気鉄道であったと記載されている(『鉄道省文書』1、監督　鶴見臨港鉄道巻1　神奈川県立文化資料館架蔵複写資料蔵)。

その後、沿線主要工場が続々と専用引込線を敷設したことにより、5月末には1日の貨物取扱量が400トンを超え、収入も300円以上に達した。同社はこの「漸新的好成績」(「営業報告書」『鉄道省文書』1監督　鶴見臨港鉄道巻1 交通博物館蔵)によって生じた輸送貨車不足に対しても、日本車輛会社に鋼製の有がい貨車を発注し、6月の株主総会では資本金を100万円から300万円へ増資することが決定された(同右)。

昭和3年5月、複線化工事が開始され、8月18日には浜川崎—扇町間の扇町線も営業を開始した。当時、扇町地域の埋立工事の進展とともに、鉄道省の火力発電所の設置や三井物産会社の埠頭建設も進行していた。これらの工事が完成し、三井物産の埠頭作業が開始されると、三井埠頭からの「石炭ノ出貨逐日増加シ、期末11月ニ於テハ発着合計噸数2万1千7百噸ニ及ビ、前年同月ニ比シ、約2割4分ノ増加ヲ示」すという活況を呈したため輸送に当たる臨港鉄道も繁忙を極めた(「第9回営業報告書」『鉄道省文書』1監督　鶴見臨港鉄道巻1 交通博物館蔵)。こうして、第1期事業は終了し、第2期線の工事である弁天橋から東海道線鶴見駅に連絡する区間の工事が昭和3年3月末に着手された。同区間の工事は、当社全区間の中でも最も難工事といわれ、鶴見川鉄橋を初め京浜新旧国道京浜電鉄・東海道本線横断跨線橋など、大半が高架であるうえ、橋梁箇所も7か所におよび、工事は予定より大幅に遅れた。

臨港鉄道は本来貨物輸送を目的としていたために蒸気を動力としていたが、昭和4年4月に電化工事の認可を受け、各工場従業員輸送の利便を考慮し、旅客輸送用の電車運転計画を立てた。昭和5年10月に電化工事が完成し、10月28日、扇町—浜川崎—弁天橋を経て鶴見に至る全線の電車運転が開始された。しかし、本山前から鶴見駅までの工事が残り、鶴見から扇町までの全通は昭和9年(1934)2月23日になった。このようにして臨海埋立地域の輸送体系は次第に整備された。

鉄道網が整備されると、臨海部の各工場からの貨物が急増してきた。これらの工場貨物を一手に輸送したのが鶴見臨港鉄道であり、昭和初期の同社の営業報告書によると、貨物取扱は多品種にわたっており(「第11・12回営業報告書」『鉄道省文書』1監督　鶴見臨港鉄道巻1　交通博物館蔵)、沿線工場の状況をうかがうことができる。まず、発送貨物トン数の多い品別を列挙すると石炭・揮発油・石油・重油などの重化学工業品関係が目立っている。

そのほか国内消費量の増加にともない、小麦・稗・小麦粉などが主たるものになってきた。

また到着貨物では、砂利・石灰石・砂を初め、鉄類・不工材などが上位を占め、なかでも砂利と石灰石は高い比重を占めており、多くは浅野セメントの各工場に輸送された。セメントの原料となる石灰石は、青梅鉄道・五日市鉄道を経由して南武鉄道で浜川崎まで運ばれた。

さらに鶴見臨港鉄道は前述のように沿線工場の従業員の増加によって旅客営業を開始し、路線に並走する海岸電気軌道を合併した。これにより、臨海部における唯一の通勤輸送機関となり、沿線の貨物輸送と加えて重要度は高まっていったのである。

臨海部と浜川崎駅

川崎・鶴見・横浜にかけての臨海埋立地域への工場進出は、同地域を一層発展させた。同地域に最初に敷設された鉄道は川崎—浜川崎間の貨物線である。同線は省線東海道線として川崎駅を始発とし、浜川崎駅まで4キロ1分の区間の貨物専用線であった。終点の浜川崎駅は川崎駅長の管理する駅として大正7年5月1日、橘樹郡田島村渡田に置かれ、京浜工業地帯の重要な貨物専用駅として、営業を開始した(『稿本　浜川崎駅史』)。

臨海部の埋立・浚渫は続けられ、昭和3年三井埠頭(川崎埠頭の前身)、同4年日満埠頭(東洋埠頭の前身)が完成して操業を始めた。翌5年に昭和電工、6年に三菱石油の両工場もあいついで設立され、操業を開始した。さらに「満州事変」を契機とする軍需景気によって企業の拡張・新設がなされ、昭和10年には日本鋼管扇町工場が、同11年には昭和電線が、同13年には日本鋼管大島工場が操業を開始した。浜川崎駅から渡田地区にかけての各工場には専用線が敷設され、浜川崎駅の入換機関車によって各工場側線に貨車が入線された。その間の昭和5年には南武鉄道が乗り入れを行い、鶴見臨港鉄道も路線を扇町まで延長している。とくに鶴見臨港鉄道は、先述のように旅客線と貨物線が並行し、扇町—浜川崎駅—安善—浅野間の輸送路が確立したため、浜川崎駅の重要性はますます高まっていった。

57

新芝浦、海芝浦、大川

しんしばうら、うみしばうら、おおかわ

新芝浦駅：開業年▶昭和7(1932)年6月10日　所在地▶神奈川県横浜市鶴見区末広町2　ホーム▶2面2線(地上駅)　キロ程▶0.9km(浅野起点) 3.9km(鶴見起点)
海芝浦駅：開業年▶昭和15(1940)年11月1日　所在地▶神奈川県横浜市鶴見区末広町2　ホーム▶1面1線(地上駅)　キロ程▶1.7km(浅野起点) 4.7km(鶴見起点)
大川駅：開業年▶大正15(1926)年3月10日　所在地▶神奈川県川崎市川崎区大川町2-2　ホーム▶1面1線(地上駅)　キロ程▶1.0km(武蔵白石起点) 1.6km(安善起点) 5.1km(鶴見起点)

浅野駅から延びる、海芝浦支線には、新芝浦と海芝浦の2駅が存在
武蔵白石駅から延びる大川支線の線名・駅名は製紙王に由来

大川駅を発車するクモハ12形。1両で武蔵白石─大川間を終日往復していた。両運転台クモハ12は1996年3月まで運転され、JR東日本で最後の「旧型国電」だった。

撮影：荻原二郎

海芝浦支線の中間駅、新芝浦駅。運河に面し周囲は工場のため、昼は閑散としている。

撮影：山田虎雄

海芝浦支線の終点海芝浦駅。駅の外側は東芝の京浜事業所であり、勤務者、訪問者以外は改札の外にでることはできないが、ホームは海に面し、ホームから工場夜景を鑑賞できる。

撮影：山田虎雄

大川支線の終点大川駅。貨物線が平行している。

撮影：山田虎雄

■■■ 第3章
青梅線、五日市線

青梅線は立川－奥多摩間37.2kmで、多摩地区の拠点である立川と青梅、奥多摩を結んでいる。立川－青梅間はいわゆるベッドタウンで工場も立地しており通勤路線の性格が強く、東京直通電車も運転されている。青梅－奥多摩間は山間部になり多摩川にそって渓谷をさかのぼるローカル線であるが、週末を中心に多くの観光客、ハイキング客が訪れる。東京の奥座敷でリゾート路線にもなっていて土休日運転の「ホリデー快速」が代表列車である。五日市線は拝島－武蔵五日市間11.1kmのローカル線だが、秋川渓谷や檜原村が観光地として注目されている。

東川井信号場（御嶽－川井間）ですれちがうED16牽引の石灰石列車（奥多摩への空車回送列車）と103系立川行電車。

青梅線の歴史

The history of the Oume line

軽便鉄道として開通した青梅鉄道

1894（明治27）年11月、青梅鉄道が軽便鉄道（762mm軌間）として立川－青梅間が開通し、翌1895年12月に日向和田まで開通した。沿線で産出する石灰石や農産物の輸送が目的で、立川で甲武鉄道（現・中央本線）と連絡した。当初は貨物輸送だけだが、1898（明治31）年3月から旅客輸送が始まった。

軽便鉄道では貨物の積替えが必要なため、軌間拡幅（762mm→1067mm）が行われ1908（明治41）年2月に完成した。この軌間拡幅工事に際し、石灰石の大口需要者である浅野セメントが出資し、浅野財閥の影響下に入ることになった。さらに二俣尾付近の雷電山に産する石灰石の輸送のため、1920（大正9）年1月に二俣尾まで延長された。

1923（大正12）年4月、立川－二俣尾間が電化されて電車運転が開始、貨物列車は1926年から電気機関車が投入された。1929年には青梅電気鉄道と改称され、同年9月には御嶽まで開通した。御嶽神社の参拝客輸送や奥多摩渓谷へのハイキング客輸送が目的である。

御嶽への延長で青梅電気鉄道は観光鉄道の性格が加わり、1934（昭和9）年4月から戦時中の1942（昭和17）年10月まで春秋の観光シーズンに中央線車両による新宿－御嶽間直通電車が運転されている。御嶽山へのケーブルカー（御岳登山鉄道）は1934（昭和9）年12月31日に開通している。

戦時買収で国有化され青梅線に

御嶽－氷川（現奥多摩）間は浅野財閥系企業が出資した奥多摩電気鉄道によって建設され、日原山で産出する石灰石輸送および小河内ダム建設の資材輸送が目的だった。戦時中の1944（昭和19）年7月に開通し、同時に国有化された。

さきに述べたように1944（昭和19）年4月、青梅電気鉄道は南武鉄道とともに国有化され青梅線となった。「石灰石など重要物資の輸送」「沿線に軍事基地、軍需工場が多数立地」が理由とされた。

奥多摩電気鉄道は同年7月、開通と同時に国有化された。終点の氷川駅（現・奥多摩駅）は戦時中とは思えない山小屋風のデザインで今でも親しまれている。

戦後早い時期に17m国電に統一

青梅電気鉄道の車両は特殊構造で扱いにくかったため、戦後の比較的早い時期（昭和20年代前半）に国鉄形17m車両に統一された。1964年時点では17m車両（クモハ11、クハ16）が中心だが20m車（クモハ73、クモハ40、クハ55）も配置されている。ラッシュ時5両、デイタイム2～4両で、中央線直通電車（朝夕だけ）は101系7両だった。

1970年時点では4ドア20mのモハ72系が中心で、3ドアのクモハ40、クハ55も配置されているが、両運転台のクモハ40は主としてラッシュ時の増結用で立川寄り先頭に連結された。青梅線拝島－東青梅間の複線化は1962（昭和37）年5月に完成している。

華やかな話題の少なかった青梅線沿線だが、1962（昭和37）年10月、鉄道開通90周年を記念して青梅鉄道公園が青梅駅北側の丘陵地帯に開設された。開設時は蒸気機関車8両、食堂車、1等展望車が展示されたが、屋根がなく雨ざらしでの展示だった。

1971年（昭和46年）
撮影：小川峯生
沢井付近を行くクハ16（100番台）先頭の4両編成。

1935年（昭和10年）
撮影：裏辻三郎
青梅電気鉄道モハ1000形。

奥多摩行「ホリデー快速」の登場

青梅線と中央線を直通する電車はラッシュ時だけ戦後の早い時期から運転されているが、中央線への101系投入に伴い1959年11月から101系となった。

現在の「ホリデー快速おくたま号」に相当する新宿－氷川間快速電車(休日運転)は1960年代初めから101系により春秋の行楽シーズンに運転されているが、そのつどダイヤが設定される臨時電車の扱いだった。

1970(昭和45)年4月改正時から休日運転の快速として設定され、市販の時刻表にも掲載され「おくたま」「みたけ」の愛称もついた。この時点では新宿－氷川(1971年2月、奥多摩と改称)間2往復、新宿－御嶽間2往復である。

「ホリデー快速」の愛称がついたのは1990(平成2年)10月からである。週休2日制の普及に伴う首都圏の土休日ダイヤ導入(1994年12月)に伴い、ホリデー快速も1995年春から土休日運転となった。2001年12月から通年運転(土休日)となったがそれまでの4往復から3往復になった。

72系旧型車から103系へ

1970年代半ばまでの青梅線は中央線直通電車を除くと旧型車(モハ72系および増結用のクモハ40)で最大6両編成だったが、1976(昭和51)年11月から103系への置き換えが始まり1978年3月に完了した。103系は京浜東北線からの転入で当初はスカイブルーであったが順次オレンジに塗り替えられた。

1978年3月28日にはクモハ40と72系の5両編成による「さよなら電車」が走った。なお、クモハ40は2007年から青梅鉄道公園に「青梅線を走った電車」として展示されている。

103系から201系、E233系へ

1982(昭和57)年11月改正時に牛浜－青梅間のホーム延伸が完了し、10両編成が青梅まで入れるようになり、同時に201系が中央線直通電車に投入された。青梅線内の103系は2000年から201系への置き換えが始まり、2002年3月に完了した。同年4月13日には103系4両編成の「さよなら電車」が走った。

2001年11月から201系電車を改造した展望電車「四季彩」が登場し、土休日に青梅－奥多摩間に運転されたが2009年7月で終了した。青梅線(線内運用編成)へのE233系の投入は2007年11月からで、翌2008年4月までに完了した。

古里付近を走る103系4両編成の奥多摩行。当時はドアの半自動扱いがなく、寒風が車内に吹き込んだ。

青梅特快と通勤ライナーの登場

運転関係ではJR発足後の1988(昭和63)年12月から東京－青梅間に青梅特快が登場し、中央線内は特別快速と停車駅が同じで青梅線内は各駅停車だった。国分寺は当初通過したが、1993年4月改正から停車した。ラッシュ時に必ず座れる通勤ライナー「おはようライナー青梅」「ホームライナー青梅」は1991(平成3)年3月に登場し、車両は「あずさ」の183系を使用した(2001年12月から「青梅ライナー」に改称、現在はE257系を使用)。

現在の青梅線はE233系に統一され、東京直通「青梅特快」もデイタイムに毎時1本運転され、平日は朝上りに「通勤特快」、夕下りに「通勤快速」が運転されている。立川－奥多摩間直通は朝、夜の一部だけで、それ以外は奥多摩方面とは青梅乗換えとなるが、2016年3月改正から平日の青梅－奥多摩間がデイタイム45分間隔になり、やや不便になった。

JR東日本では2020年から中央快速線にグリーン車を連結すると発表しており、青梅線直通電車にも連結されることになると思われる。

川井－古里のカーブを、EF64(初期の0番台)が牽引する上り石灰石列車が進む。

たちかわ
立川

開業年▶明治22（1889）年4月11日　**所在地**▶東京都立川市曙町2-1-1　**ホーム**▶4面8線（地下駅（橋上駅））　**乗車人数**▶163,903人　**キロ程**▶0.0km（立川起点）

北西にあった立川飛行場は、陸上自衛隊立川駐屯地、国営昭和記念公園に
立川駅から南北に延びる多摩都市モノレール線は、平成10年に開業

立川駅北口。駅前には60年代の名車がならび自動車ファンにも懐かしい。

立川到着のクモハ40（クモハ40059）先頭の旧型電車。

行き止まり式ホームだった立川の青梅線ホーム、1976年から103系が投入された。

1967年(昭和42年) 撮影:山田虎雄
立川到着のクモハ40(クモハ40059)先頭の旧型電車。

1971年(昭和46年) 撮影:小川峯生
クハ55先頭の青梅線電車、2両目はクモハ73車体更新車。

1973年(昭和48年) 所蔵:立川市歴史民俗資料館
立川駅北口。立川駅の貨物ホームの上屋が見える。立川にはいつも貨車が滞留していた。

青梅線▶立川

Transition of limestone transport
石灰石輸送の変遷

奥多摩から京浜工業地帯への一貫輸送

　南武線、青梅線、五日市線は戦前の民営鉄道時代から浅野財閥の影響下にあり、奥多摩地区で産出した石灰石が京浜工業地帯へ輸送された。戦後もこの輸送は続き、1950年代までは南武鉄道、青梅電気鉄道で使用された電気機関車が牽引したが、1950年代終わりからED16が他線から転入し、石灰石列車や浜川崎から拝島への米軍燃料輸送のタンク車を牽引した。

ED16からEF64へ

　石灰石輸送列車は奥多摩駅構内の奥多摩工業の工場からホッパ貨車に積み込まれ、西立川－立川間の連絡線を経由して南武線に入り浜川崎、塩浜まで運転された。機関車はED16のほか拝島以南ではEF15も使用された。ED16は1982(昭和57)年11月改正時からEF64(初期形0番台)に置き換えられ、翌1983年3月に全廃された。同年3月26日と27日にはED16 10が12系客車6両を牽引する「さよならED16号」が新宿－御嶽間を走った。なお、ED16 1は1981(昭和56)年10月から「青梅線を走った機関車」として青梅鉄道公園に展示されたが展示スペース確保のため昭和戦前期の食堂車(スシ28形)が解体されている。

石灰石輸送の終焉

　1984～85年にかけて、EF64初期形は当時最新型のEF64 1000番台に置き換えられている。1987(昭和62)年4月のJR貨物発足時には奥多摩－浜川崎間7往復。奥多摩－塩浜操車場間4往復の貨物列車が運転されていたが、奥多摩からの石灰石輸送はトラック輸送に転換され、また川崎のセメント工場が価格の安い北海道産石灰石の船便による購入にシフトしたことから、青梅線、南武線の石灰石輸送は次第に減少した。1998(平成10)年春の時点では7往復運転されていたが、同年8月13日をもって長年続いた石灰石輸送は終了した。

　その後も米軍横田基地への燃料輸送列車(タンク車)がEF210またはEF65牽引で鶴見線安善－拝島間に南武線経由で運転されているが、2014年3月から尻手－府中本町間が新鶴見、武蔵野南線経由になった。

63

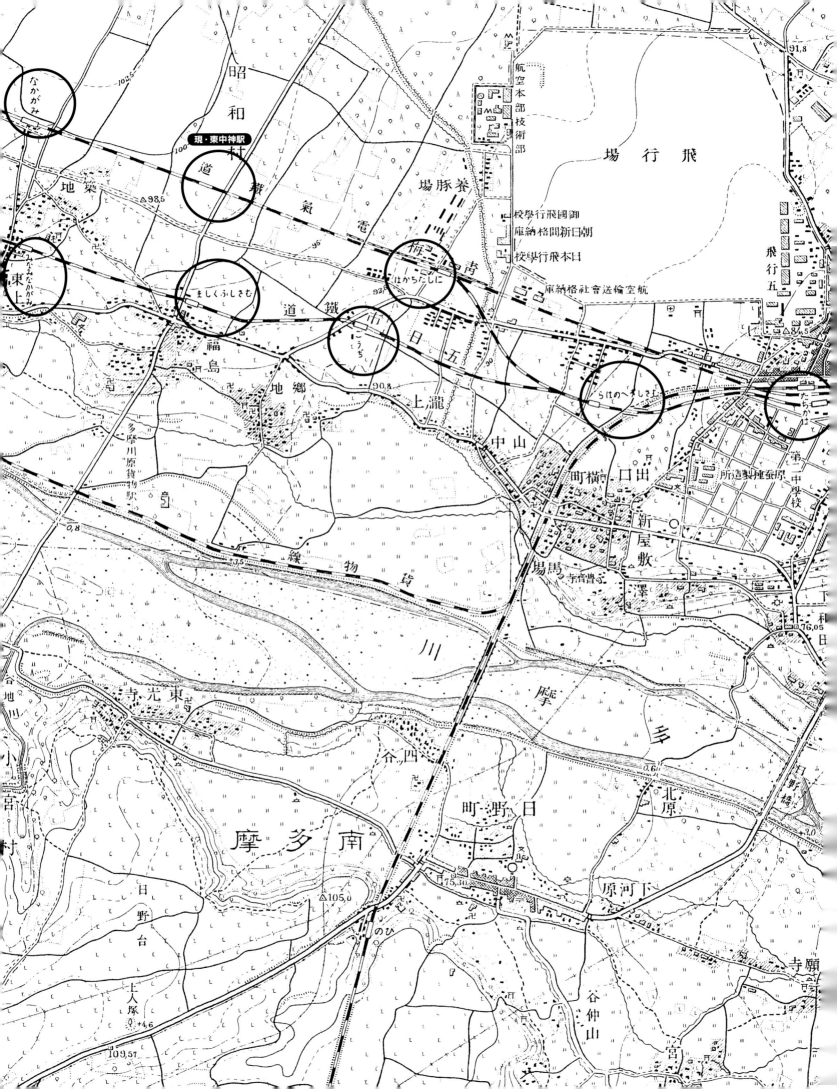

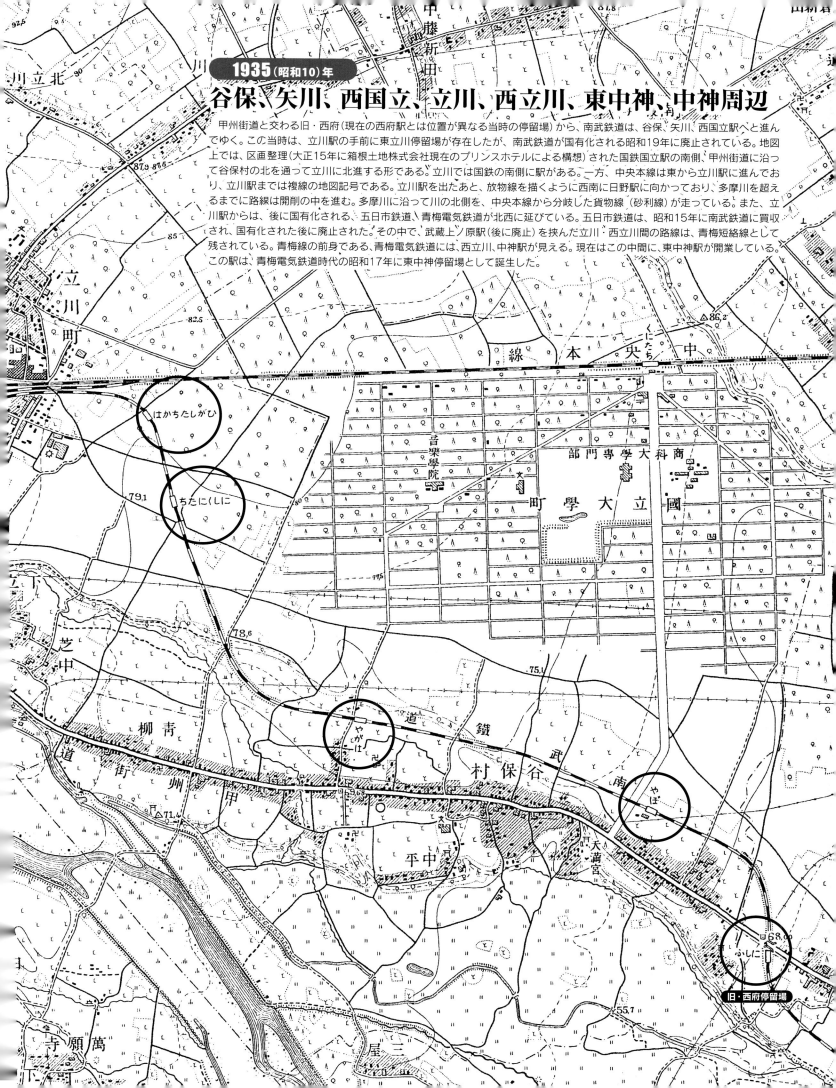

1935（昭和10）年
谷保、矢川、西国立、立川、西立川、東中神、中神周辺

甲州街道と交わる旧・西府（現在の西府駅とは位置が異なる当時の停留場）から、南武鉄道は、谷保、矢川、西国立駅へと進んでゆく。この当時は、立川駅の手前に東立川停留場が存在したが、南武鉄道が国有化される昭和19年に廃止されている。地図上では、区画整理（大正15年に箱根土地株式会社現在のプリンスホテルによる構想）された国鉄国立駅の南側、甲州街道に沿って谷保村の北を通って立川に北進する形である。立川では国鉄の南側に駅がある。一方、中央本線は東から立川駅に進んでおり、立川駅までは複線の地図記号である。立川駅を出たあと、放物線を描くように西南に日野駅に向かっており、多摩川を超えるまでに路線は開削の中を進む。多摩川に沿って川の北側を、中央本線から分岐した貨物線（砂利線）が走っている。また、立川駅からは、後に国有化される、五日市鉄道、青梅電気鉄道が北西に延びている。五日市鉄道は、昭和15年に南武鉄道に買収され、国有化された後に廃止された。その中で、武蔵上ノ原駅（後に廃止）を挟んだ立川・西立川間の路線は、青梅短絡線として残されている。青梅線の前身である、青梅電気鉄道には、西立川、中神駅が見える。現在はこの中間に、東中神駅が開業している。この駅は、青梅電気鉄道時代の昭和17年に東中神停留場として誕生した。

にしたちかわ、ひがしなかがみ、なかがみ、あきしま

西立川、東中神、中神、昭島

西立川駅：開業年▶昭和6（1931）年11月15日　所在地▶東京都立川市富士見町1－36－10　ホーム▶1面2線（地上駅（橋上駅））　乗車人数▶6,828人　キロ程▶1.9km（立川起点）
東中神駅：開業年▶昭和17（1942）年7月1日　所在地▶東京都昭島市玉川町1－7－1　ホーム▶2面2線（地上駅）　乗車人数▶7,079人　キロ程▶2.7km（立川起点）
中神駅：開業年▶明治41（1908）年7月19日　所在地▶東京都昭島市朝日町1－1－9　ホーム▶2面2線（地上駅（橋上駅））　乗車人数▶10,895人　キロ程▶33.6km（立川起点）
昭島駅：開業年▶昭和13（1938）年12月25日　所在地▶東京都昭島市昭和町2－1－10　ホーム▶1面2線（地上駅（橋上駅））　乗車人数▶26,403人　キロ程▶5.0km（立川起点）

立川駅から直線で延びる青梅線には、西立川、東中神、中神駅が存在
昭島駅は昭和13年、「昭和前」仮停留場で開業。昭和34年に現駅名

西立川駅の朝7～8時は前2両が超満員のため、3両目以降の車両に乗るようにとの注意書き。右側に米軍立川基地の塀が見える。クハ16先頭の立川行。

西立川駅は後に橋上化され、昭和記念公園の最寄り駅になっている。

東中神駅。南口駅舎は1942年開設時の面影が残っていたが、橋上化工事中である。

1967年（昭和42年）

1983年（昭和58年）

103系4両の立川行。1976年から103系が投入され、昼間は4両、ラッシュ時は7両だった。

撮影：荻原三郎

中神駅の屋根には意匠がある。現在は橋上化されている。

撮影：山田虎雄

青梅線 ▶ 西立川、東中神、中神、昭島

1967年（昭和42年）

1971年（昭和46年）

昭島駅は1938年に仮駅「昭和前」として開設。私鉄時代の仮駅の風情が残っている。

撮影：山田虎雄

近代的駅舎になった1971年の昭島駅。現在は橋上化されている。30～210円の多能式自動券売機が並ぶ。

撮影：荻原三郎

市史に登場する青梅線

COLUMN

昭島市より抜粋

甲武鉄道の開通

　甲武鉄道は発起から開業に至るまで何回かの曲折を経ており、その最初は明治16（1883）年頃、新宿～羽村間に玉川上水の堤を利用した馬車鉄道敷設の計画であった。この計画は東京府の認めるところとならず、つづいて東京～羽村～青梅間の鉄道馬車が企画され、甲武馬車鉄道会社が設立された。甲武馬車鉄道は明治19（1886）年関係府県の認可を受けたが、この頃になると鉄道の重要性が認められて、甲武馬車鉄道のルートに競合する鉄道計画が各地で起ってきた。そこで発起人たちは蒸気鉄道に変更する願書を提出し、他の競願者を説得して計画を撤回させる事件を経て明治21（1888）年3月、認可をえることができた。こうして甲武鉄道は新宿～八王子間の鉄道として発足することとなり、まず新宿～立川間が開業したのである。明治20（1887）年前後は第1次鉄道ブーム時代で鉄道が各地で建設された。甲武鉄道もそうしたブームの申し子であった。

青梅鉄道

　甲武鉄道の建設は青梅地方の人々に強い刺激を与えた。とくに青梅の特産である石灰山開発は鉄道の誘致を決定づける大きな要因となった。甲武鉄道が開通する半年前の明治21（1888）年11月、青梅を中心とした北多摩・西多摩郡の人々は甲武鉄道を青梅までの延長する願書を甲武鉄道に提出した。

青梅鉄道と昭島

　会社設立にともない青梅鉄道は用地の買収に着手した。当初の計画では拝島～立川間の線路は直線ではなく、多摩川寄りにカーブして当時の村落地帯に建設される予定であったが、各部落の猛烈な反対にあい現在のような直線になったものといわれる。これは伝説であって史料があるわけではない。だが当時汽車の煙突から出る火の粉による火災事故がよく起ったことは確かであり、そのため鉄道建設に反対する動きも各地に多かった。

　当時の農村は萱葺屋根が多く、こうした危険は現在にくらべてはるかに大きかったであろうし、明治初年2回の大火に見舞われた拝島村の例もあり、昭島市域の村々が火災に対して敏感になっていたことはうなづけるのである。

　鉄道用地の買収では西多摩地方で反対があったが、昭島市域では建設地が本村寄りでなかったため、トラブルは生じなかったようである。昭島市域の用地は畑と山林で約2町6反歩が買収されている。また買収費は畑が坪約40銭、山林が約20銭で、拝島村に設けられた停車場地は寄附によっている。

　青梅鉄道の工事は明治27（1894）年1月からはじめられ、同年11月19日営業を開始した。創業願から4年目である。このとき開業した沿線の駅は立川・拝島・福生・羽村・小作・青梅の6駅であった。

　現在の青梅線立川～拝島間には4つの駅があるが開設当時は駅はなかった。そのため拝島駅に近い村は便利になったが、立川と拝島の中間にある村にとっては、立川に出るにせよ拝島に出るにせよ、駅までの距離は遠かった。そうした不便さを解消するために立川～拝島間に駅を設けようとする動きがでてくるのは当然であった。

67

はいじま

拝島

開業年▶明治27(1894)年11月19日　**所在地**▶東京都昭島市松原町4-14-4　**ホーム**▶3面5線（地上駅（橋上駅））　**乗車人数**▶29,880人　**キロ程**▶6.9km（立川起点）

明治27年に青梅鉄道、大正14年に五日市鉄道の拝島駅が開業
現在はJR青梅線、五日市線、八高線の駅。西武拝島線とも接続

101系3両の奥多摩行、真夏で冷房がなく、窓が大きく開かれている。

五日市線は1961年まで非電化の閑散線区で戦前製造の旧形気動車キハ04（元キハ41300）が1～2両で走っていた。朝夕はSL牽引客車列車が立川まで運転された。

拝島駅には旅客営業センターが設置されていた。

五日市線は1961年4月に電化されたが、電化直前はキハ10（キハ17の両運転台版）も運転された。

五日市線の歴史

五日市鉄道の開通と立川への別線建設

　五日市線は五日市鉄道として1925（大正14）年4月に拝島－武蔵五日市間が開通し、同年9月に武蔵岩井まで開通している。五日市近郊の勝峰山に産出する石灰石の輸送が目的で、浅野セメントの影響下にあった。

　1930（昭和5）年7月には南武鉄道との石灰石の一貫輸送を目的に拝島－立川間に青梅電気鉄道とは別ルートの線（非電化単線）が開通し、翌1931年11月には青梅電気鉄道西立川への連絡線も開通した。この連絡線は現在でも中央線から青梅線への下り直通電車のルートである。1940（昭和15）年9月、五日市鉄道は南武鉄道に合併された。これにより武蔵岩井から立川を経由し浜川崎まで南武鉄道によって石灰石が一貫輸送された。すでに述べたように1944（昭和19）年4月、南武鉄道（本線および五日市線）は青梅電気鉄道とともに国有化された。国有化に伴い、立川－拝島間の別ルートは立川－西国立間連絡線を除いて廃止され、レールは青梅線複線化に転用された。

五日市線電化と末端区間の廃止

　戦後の五日市線は気動車（キハ04形）および蒸気列車（C11牽引）で運行されたが、1961（昭和36）年4月に電化された。短区間だけ気動車を残すことは不合理であり、電化による青梅線との直通運転や電車の共通使用が目的である。電化当初、昼間はクモハ40が1両で拝島－武蔵五日市間を往復していた。

　武蔵五日市－武蔵岩井間は朝夕だけの運転だったが、1971（昭和46）年1月末日限りで廃止された。途中の大久野までは石灰石輸送のための貨物線として残ったが1982（昭和57）年11月に廃止された。

ホリデー快速も武蔵五日市へ

　1971年10月から休日快速「みたけ」の付属編成が拝島で分割され武蔵五日市まで直通し「あきがわ」の愛称がつき、翌1972年7月以降は「おくたま」「みたけ」4往復とも武蔵五日市発着の「あきがわ」を併結するようになった。その後の五日市線車両の変遷は青梅線と同じである。終点の武蔵五日市駅は1996（平成8）年7月、五日市町（現・あきる野市）の土地区画整理事業の一環として高架化された。

1971年（昭和46年）　撮影：高木堯男

五日市鉄道のC形タンク機関車が牽く貨物列車。
1935年（昭和10年）　撮影：荻原二郎

1935（昭和10）年
青梅鉄道（拝島以西）、五日市鉄道沿線

五日市鉄道は、石灰石運搬を目的として開設された。武蔵五日市駅が終点だったが、武蔵五日市駅の手前で北に分岐して武蔵岩井駅に向かう路線も存在した。「岩井」付近に見える工場の記号は、浅野セメントである。なお、立川・拝島間は廃線になっている。

この地図上には、熊川、東秋留、西秋留（現・秋川）、病院前（現・武蔵引田）、武蔵増戸、武蔵五日市、大久野、武蔵岩井駅が見える。武蔵五日市・武蔵岩井間も戦後に廃止されている。

青梅線の前身である青梅電気鉄道は、雷電山の石灰石を運ぶ目的で設立された青梅鉄道が、立川での積み替えを避けるなどの不便を避けるため、明治41年に改軌し、大正12年から電車が運転された。木材も多摩川の流送から鉄道輸送に変わって貨物が増加した。その間に日向和田駅、さらに二俣尾駅へと延伸し、石灰石採掘権も浅野セメントに譲渡されていた。昭和5年ころの終点は御嶽駅だが現在は奥多摩駅である。

小作駅と河辺駅から支線があるが多摩川の砂利を運ぶ支線である。特に、小作駅から出た支線は多摩川の河川敷まで伸びている。道を潜る手前で軌道の記号が変わっている。八高線は、直線的に東福生、箱根ケ崎駅を経由して北進している。

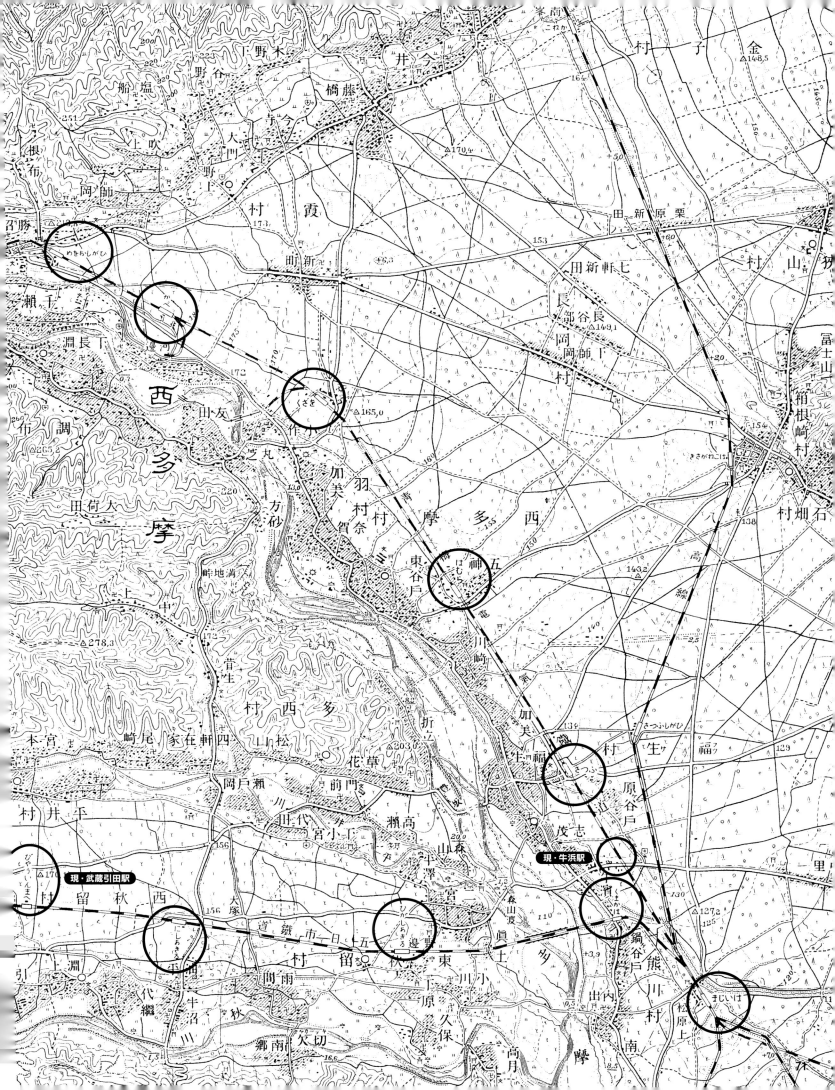

うしはま、ふっさ、はむら、おざく

牛浜、福生、羽村、小作

牛浜駅：開業年▶昭和19（1944）年4月1日　所在地▶東京都福生市牛浜126　ホーム▶1面2線（地上駅（橋上駅））　乗車人数▶4,454人　キロ程▶8.6km（立川起点）
福生駅：開業年▶明治27（1894）年11月19日　所在地▶東京都福生市本町137　ホーム▶1面2線　乗車人数▶16,639人　キロ程▶9.6km（立川起点）
羽村駅：開業年▶明治27（1894）年11月19日　所在地▶東京都羽村市羽東1-7-26　ホーム▶1面2線（地上駅（橋上駅））　乗車人数▶13,914人　キロ程▶11.7km（立川起点）
小作駅：開業年▶明治27（1894）年11月19日　所在地▶東京都羽村市小作台5-35-1　ホーム▶2面2線（地上駅（橋上駅））　乗車人数▶17,408人　キロ程▶14.1km（立川起点）

明治27年の青梅鉄道時代から続く福生・羽村・小作の古参駅
牛浜は昭和18年、青梅電気鉄道時代に開業。当初は仮停車場。翌年に駅昇格

牛浜駅は1961年に橋上化され、当時としては珍しい駅舎だった。現在はさらに新しい橋上駅になっている。

福生駅東口は米軍基地が近く、戦後建築の洋風の駅舎である。

福生駅西口は簡素な改札であった。

羽村駅の駅舎右側にパン、菓子、飲み物や日用品を売る雑貨屋があるが、当時はどこの駅前にもあった。

撮影：荻原二郎

青梅線▶牛浜、福生、羽村、小作

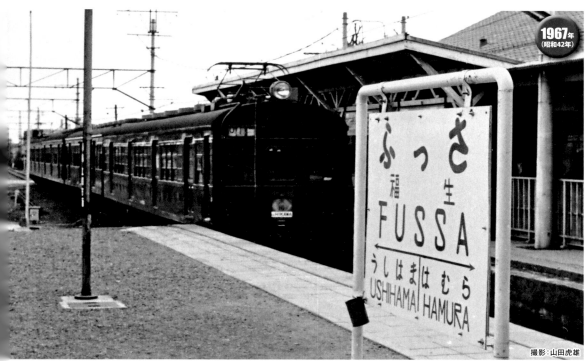

撮影：山田虎雄

福生駅に到着するクモハ73先頭の立川行。

青梅線でも戦後の一時期2等車（グリーン車に相当）があった。沿線に米軍基地があった関係で進駐軍専用車が運行され、1952年から専用部分が2等となったが米軍関係者以外の利用はほとんどなかった。

撮影：小川峯生

かべ、ひがしおうめ、おうめ

河辺、東青梅、青梅

河辺駅：開業年▶昭和2(1927)年2月20日　所在地▶東京都青梅市河辺町5-29-29　ホーム▶1面2線(地上駅(橋上駅))　乗車人数▶13,526人　キロ程▶15.9km（立川起点）
東青梅駅：開業年▶昭和7(1932)年10月1日　所在地▶東京都青梅市東青梅1-9-1　ホーム▶1面2線(地上駅(橋上駅))　乗車人数▶6,726人　キロ程▶17.2km（立川起点）
青梅駅：開業年▶明治27(1894)年11月19日　所在地▶東京都青梅市本町192　ホーム▶1面2線(地上駅)　乗車人数▶6,859人　キロ程▶18.5km（立川起点）

河辺・東青梅駅は、昭和戦前期に誕生。青梅駅は明治27年から
昭和26年に誕生した青梅市の玄関口。昭和37年に「青梅鉄道公園」

1967年（昭和42年）
河辺駅は羽村と同様の三角屋根である。現在でも南口に三角屋根をイメージした駅舎がある。

撮影：山田虎雄

1962年（昭和37年）
青梅鉄道公園開園の飾りつけのある青梅駅。鉄筋3階建の駅舎は青梅電気鉄道の本社で現在でも健在である。

撮影：荻原二郎

1968年（昭和43年）
17m車が主力だった1960年代の青梅線。この車両はクモハ11（100番台）で昭和初期製造の最初の鋼製電車モハ30で製造時のダブルルーフ（二重屋根）が戦後に丸屋根に改造された。青梅には電車区があった。

撮影：山田虎雄

1962年（昭和37年）
単線区間を行くクモハ11（200番台、旧モハ31）先頭の氷川行、東青梅―青梅間は今でも単線で青梅線のネックである。

撮影：荻原二郎

1966年（昭和41年）
ボンネットバスが走る青梅駅前通り。青梅駅舎は当時の青梅で一番高い建物でランドマークだった。青梅は織物の街で古い商家が多い。

所蔵：青梅市郷土博物館

鉄道開通90周年を記念して青梅鉄道公園が開設された。バックにE10形蒸気機関車とスシ28形食堂車が見える。
撮影：山田虎雄

入場無料のため近所の子どもたちの機関車のある遊び場になってしまった青梅鉄道公園。幼稚園、保育園、小学校の遠足でもよく利用された。

1962年（昭和37年）

青梅線 ▶ 河辺、東青梅、青梅

撮影：山田虎雄

市史に登場する青梅線

COLUMN

青梅市史より抜粋

青梅鉄道

甲武鉄道創業から3年後、明治24年に青梅鉄道の敷設が具体化した。これは甲武鉄道開通によって刺戟されたことにもよるが、また、日向和田石灰山の開発を目的としたこともたしかである。

4百年の昔、江戸築城に当たって、成木の石灰の輸送路が青梅街道を拓いたように、明治の世となってはしなくもまた石灰山の開発が青梅鉄道創設への大きな役割をもつことになった。明治24年9月16日仮免状を下付された。こうした当事者の努力とともに、会社の地元、青梅町では、商工業推進のために協力を惜しまなかった。また、鉄道誘致については早くも明治21年10月、青梅町森下住民40余名は甲武鉄道に対して、青梅までの延長を積極的に希望し、路線延長実現の際は、「停車場敷地その他を地主から相当の代価で買い受け、これを無償で会社へ譲渡して工事の費用を補い、地方永遠の利益のために鉄道敷設に協力する」というような申合せを行っていた。また、青梅鉄道側も甲武鉄道に対し、青梅への延長を強力に運動したが、最終的には両者で協議の結果、明治24年5月4に、甲武鉄道会社と青梅鉄道側との間に、青梅鉄道を独立会社とし、甲武鉄道は全面的に協力と援助をする旨の契約が成立したのである。

土地収用について、なお地主数名との抗争などがあり、1年間の工事延長の認可を要請して、ようやく立川～青梅間11哩半（18.5キロメートル）の工事を完成させ、27年11月19日開業免状が下付され、同日営業を開始した。創立出願から4年目である。

石灰山開発のための青梅～日向和田間は、28年4月着工、地形の関係から工事は困難を極めたが、同年11月予定通り1哩33鎖（約2.3キロメートル）の工事が完成し、12月15日に開通の運びとなった。なお、当時の日向和田駅は石灰石専用駅で、現在の日向和田駅ではなく、和田神社裏、現・日向和田保育園の位置にあった。

こうした経過で全線の開通をみた青梅鉄道は軽便鉄道であったので、客車や貨物車の型や容量も小さく、また、速度も遅く、子供が汽車を追い抜いたり、貨車の後部へつかまって走ったという昔語りもあるほどである。石を積んだ数輛の貨車の後に、客車が1輛か2輛つながれていたのが、青梅鉄道の情景であった。

中武馬車鉄道

明治の中ごろから大正初期にかけて青梅町森下から埼玉県の入間川町（現・狭山市）まで、細い軌道の上を馬が、12人乗りの小さい客車をひいた「鉄道馬車」というものが走っていた。全線延長は11哩37鎖（18.45キロメートル）で、停車場は入間馬車鉄道・入間川・鵜ノ木・黒須・扇町屋・小谷田・根岸・三ツ木・南峰・金子橋・七日市場・大門・師岡・坂下・森下の15か所であった。所要時間は青梅～入間川間で2時間20分を、入間川～青梅間では2時間50分を要した。

日露戦争により、国内経済事情の全くゆきづまった様相はこの地方にも大きく影響した。織物の販路杜絶、御岳山登拝客の減少、軍馬の徴発など種々の悪条件と取組んだ馬車鉄道の当事者が、運転回数を減少したり、剰余の建物、馬匹を売り払うなど、冗費の節約によって、ひたすらにこの苦境を切り抜けようとする悲壮な奮闘のありさまが想像できるのである。

会社はこの悲境挽回策の1つとして、従来の馬匹による運転を石油発動車に変更を決意し、熱海方面などの石油発動車使用の先進地を視察の後、石油瓦斯発動車を採用することとなった。

しかし、馬車にかわっての石油発動車も一部路線の試運転にのみ止まり、実用化されなかったようである。

こうして「中武馬車鉄道」は不幸にも当初から業績不振で苦難の途をたどり、明治40年7月には師岡から森下までの青梅町内の路線を閉鎖して、師岡が終点となった。そして大正9年9月、創業から20年の馬車鉄道の歴史に終止符をうったのである。

御岳登山鉄道

昭和2年3月、発起人総代斎藤半三郎が鉄道大臣から地方鉄道敷設免許を受け、同年11月20日、御岳山登山鉄道株式会社を設立したが、当時は経済不況のために事業に着手することができなかった。その後、昭和6年9月、社長に山崎亀吉を迎え、垣屋忠次郎が中心となり、同7年2月、ケーブルカーの建設工事に着手し、昭和10年1月1日に運輸営業を開始した。昭和19年2月11日、太平洋戦争のため施設物撤去供出により営業休止。戦後昭和22年10月31日、会社商号を大多摩観光開発株式会社と改称し、翌年11月14日、ケーブルカーの復旧工事に着手し、昭和26年6月29日に営業を再開した。その後増資をはかり、昭和36年7月1日、商号を再び御岳登山鉄道株式会社に復し、昭和43年には巻上機械、ケーブルカー車両の大型化とスピードアップ等を行い、設備の近代化をはかった。昭和47年5月には京王帝都電鉄株式会社の資本参加があり、輸送力の増強と保安装置、施設、設備の改善に力を入れて積極的に経営をすすめ、平成4年6月にも大改修を行い、現在に至っている。現在は定期運行1日33回、ただしシーズン中は臨時増発として6分間隔で運行している。

みやのひら、ひなたわだ、いしがみまえ、ふたまたお

宮ノ平、日向和田、石神前、二俣尾

宮ノ平駅：**開業年**▶大正3（1914）年4月1日　**所在地**▶東京都青梅市日向和田2丁目　**ホーム**▶1面2線（地上駅）　**キロ程**▶20.6km（立川起点）
日向和田駅：**開業年**▶明治28（1895）年12月28日　**所在地**▶東京都青梅市日向和田3丁目　**ホーム**▶1面1線（地上駅）　**キロ程**▶21.4km（立川起点）
石神前駅：**開業年**▶昭和3（1928）年10月13日　**所在地**▶東京都青梅市二俣尾1−351　**ホーム**▶1面1線（地上駅）　**キロ程**▶22.4km（立川起点）
二俣尾駅：**開業年**▶大正9（1920）年1月1日　**所在地**▶東京都青梅市二俣尾4−1074　**ホーム**▶1面2線（地上駅（橋上駅））　**キロ程**▶23.6km（立川起点）

多摩川の上流へ、青梅街道に沿って進む青梅線に宮ノ平駅と日向和田駅 石神前駅は昭和3年、「楽々園」停留場から。二俣尾駅は大正9年開業

宮ノ平駅での電車の交換風景。右側はクモハ73（600番台、モハ72に運転台を取付け）先頭の氷川（現奥多摩）行。

梅見客でにぎわう日向和田駅、吉野梅郷の看板がある。

1971年の石神前駅、現在は駅舎が撤去されている。

青梅線 ▶ 宮ノ平、日向和田、石神前、二俣尾

1971年（昭和46年）

二俣尾で交換するED16牽引石灰石列車（空車回送）と上り立川行、最後部はクハ79。かつては石灰石の積み出し駅で構内が広い。
撮影：荻原二郎

1980年（昭和55年）

二俣尾の木造駅舎、当時は小学生が大勢いて跨線橋を渡っての登校が賑やかだった。現在は橋上駅となっている。
撮影：宮崎 延

1967年（昭和42年）

二俣尾に停車中の上り立川行、20m車4両で、最後部は3ドアのクハ55。

撮影：山田虎雄

いくさばた、さわい、みたけ

軍畑、沢井、御嶽

軍畑駅：開業年▶昭和4(1929)年9月1日　所在地▶東京都青梅市沢井1丁目　ホーム▶1面1線(地上駅)　キロ程▶24.5km（立川起点）
沢井駅：開業年▶昭和4(1929)年9月1日　所在地▶東京都青梅市沢井2-848　ホーム▶1面2線(地上駅(橋上駅))　キロ程▶25.9km（立川起点）
御嶽駅：開業年▶昭和4(1929)年9月1日　所在地▶東京都青梅市御岳本町310　ホーム▶1面2線(地上駅)　キロ程▶27.2km（立川起点）

青梅電気鉄道は昭和4年に御嶽駅まで延伸。軍畑駅と沢井駅が誕生
御嶽駅から御岳山、武蔵御嶽神社へ。ハイキングコースの出発点

1970年（昭和45年）

軍畑の立川方にある奥沢鉄橋（通称は軍畑鉄橋）を渡るクモハ73先頭の20m4ドア車4両編成。この鉄橋は「奥多摩の餘部鉄橋」ともいわれる撮影名所である。
撮影：高木堯男

1971年（昭和46年）

沢井駅の駅舎屋根には近くの寒山寺にちなんだ擬宝珠（ぎぼし）があり、改築された現在でも受け継がれている。
撮影：山田虎雄

1971年（昭和46年）

沢井駅で氷川行2両編成と石灰石列車がすれちがう。

沢井駅を発車するED16牽引の石灰石列車。
撮影：山田虎雄

1968年（昭和43年）

撮影：山田虎雄

青梅線 ▶ 軍畑、沢井、御嶽

1968年(昭和43年)

御嶽駅は島式ホームで行楽客や団体客輸送に備え幅が広い。クハ55が最後部の立川行。
撮影：山田虎雄

1967年(昭和42年)

御嶽駅は御嶽神社を模した寺院風で、現在でもそのままの「名駅舎」である。
撮影：山田虎雄

1952年(昭和27年)

御嶽駅前からは御岳ケーブル等への路線バスが発着する。英字の案内看板は青梅線沿線に多い米軍関係者への配慮であろう。
撮影：宮崎延

かわい、こり、はとのす、しろまる

川井、古里、鳩ノ巣、白丸

川井駅：開業年▶昭和19（1944）年7月1日　所在地▶東京都西多摩郡奥多摩川井278　ホーム▶1面1線（地上駅）　キロ程▶30.0km（立川起点）
古里駅：開業年▶昭和19（1944）年7月1日　所在地▶東京都西多摩郡奥多摩町小丹波501　ホーム▶2面2線（地上駅）　キロ程▶31.6km（立川起点）
鳩ノ巣駅：開業年▶昭和19（1944）年7月1日　所在地▶東京都西多摩郡奥多摩町棚沢390　ホーム▶2面2線（地上駅）　キロ程▶33.8km（立川起点）
白丸駅：開業年▶昭和19（1944）年7月1日　所在地▶東京都西多摩郡奥多摩町白丸62　ホーム▶1面1線（地上駅）　キロ程▶35.2km（立川起点）

昭和19年に青梅電気鉄道が国有化、青梅線が氷川駅まで延伸した
川井、古里、鳩ノ巣、白丸駅は、国鉄青梅線の時代に開業している

撮影：高木堯男

川井を発車する下り奥多摩行。最後部がクハ79（300番台）川井はホームが片側1本だけである。

撮影：山田虎雄

クモハ73車体更新車を先頭にした立川行、クモハ73ークハ55ークモハ73ークハ79の20m車4両。古里駅で撮影。

撮影：山田虎雄

山小屋を模した鳩ノ巣駅の駅舎で現在でもそのまま使われている。鳩ノ巣渓谷の入口である。

撮影：山田虎雄

鳩ノ巣駅停車中の氷川行、2両で後部がモハ72を車体更新し運転台をつけたクモハ73（600番台）。

青梅線 ▶ 川井、古里、鳩ノ巣、白丸

撮影：小川峯生

鳩ノ巣で交換する電車。下り電車には当時として珍しく20mのクモハ73が入っている。

撮影：小川峯生

鳩ノ巣を発車する上り立川行。先頭はクモハ11（400番台、旧モハ50）当時の青梅線の標準的な編成。

撮影：高木堯男

白丸トンネルを出てきたEF15牽引の石灰石列車。1982年頃から短期間ではあるが、ED16に代わってEF15が奥多摩まで入線した。

撮影：高木堯男

奥多摩のひとつ手前の白丸は利用者が青梅線で最も少なく、秘境駅のムードが漂う。1970年代後半に京浜東北線から103系が転入した。

COLUMN

市史に登場する青梅線

秋川市史より抜粋

幻の奥多摩循環鉄道

　代議士並木芳雄氏が未だ在任中であったので、昭和25・6年であったと思う。東急電鉄では、当時急ピッチで工事が進められている奥多摩湖に着目し、東急電鉄五島慶太氏は奥多摩湖の完成を見越し、現南武線、青梅線、五日市線の払下げを受け、奥多摩を東京の奥座敷にする構想を固め、新宿を起点とし、小田急線登戸駅で南武線に切替え、立川で青梅線に直通し、拝島駅より五日市線五日市に至り、さらに五日市より五日市線を延長して桧原南谷を通って奥多摩湖南岸に出て、奥多摩湖を遊覧船で横断し、奥多摩湖築造の材料運搬線を活かして小河内、氷川、青梅に出る新宿、奥多摩循環直通電車を計画し青写真を作成し、なお遊覧、宿泊施設も数多く設け、当時国鉄に従事していた職員も総てを引き継ぐ予定で、該当線の払い下げ方を推し進め、現地に人を派し、遊覧、宿泊施設場所の調査、住民の意向の調査と共に土地の有力者との接触を計った。こうして最後の段階に至って、五日市町議であった某氏に接触したところ、言下に、「鉄道が敷けると人気が悪くなるから駄目だ」と断わられた。しかし人気が悪くなる意味は不明であった。五島氏はなお諦めかねて3路線の払下げを次国会に図ったが、当時の代議士並木芳雄氏、国鉄労組八王子支部の払下げ反対の一大キャンペーンで国会も否決し、遂に断念した。その資本は現伊豆急行に打ち込まれて東急側としては一大成功であったが、交通の不便、就職の困難、過疎に悩む五日市町、桧原村にとっては一大損失である。また小河内にとっても同様のことがいえると思う。

<small>おくたま</small>

奥多摩

開業年▶昭和19（1944）年7月1日　**所在地▶**東京都西多摩郡奥多摩町氷川210　**ホーム▶**1面2線（地上駅）　**乗車人数▶**966人　**キロ程▶**37.2km（立川起点）

昭和19年に氷川駅として開業。昭和46年に現駅名「奥多摩」に
昭和時代には、小河内ダム建設用の東京都水道局小河内線があった

奥多摩に改称される前の氷川駅。戦時中の建築だが山小屋風である。

1955年（昭和30年）

所蔵：フォト・パブリッシング

広い貨物ヤードのある奥多摩駅を発車するEF64（1000番台）牽引の石灰石列車。左にもEF64と石灰石輸送のホキ9500形貨車が待機している。石灰石輸送は現在ではトラック輸送になっている。

1998年（平成10年）

撮影：山田 亮

1952年（昭和27年）

1952年、奥多摩（当時は氷川）から小河内ダム建設のため6.7kmの専用鉄道が建設された。ダムは1957年に完成したが、今でも橋、トンネルが残っている。

撮影：竹中泰彦

青梅線の終端駅奥多摩、1971年2月に氷川から奥多摩に改称された。奥多摩工業の石灰石工場があり、ED16牽引の石灰石列車が並ぶ。
撮影：山田虎雄

1974年（昭和49年）

青梅線 ▼ 奥多摩

町史に登場する青梅線

COLUMN

奥多摩町史より抜粋

青梅線の延長

　太平洋戦争の敗色が厳しく全国を覆ってきた昭和19年7月、青梅線御岳駅から、氷川まで延長8・2キロメートルの鉄道が開通し、はじめて町内に電車が走ることになった。軍需物資の石灰石の輸送が、主目的の鉄道布設工事は、昭和16年にはじまり約3か年の年月をもって建設された。浅野セメント株式会社を中心として創立された、奥多摩電気鉄道株式会社の手によって工事は進められ竣工したが、戦時下の鉄道政策による地方鉄道法の規定により「未開業の鉄道は、建設実費による買収」となり、国鉄青梅線となった。買収費、7百17万7千9百19円と査定されてその全額は、国債で交付されたといわれる。

　明治22年、新宿―八王子間に甲武鉄道（現在の中央線）が開通してから2年後の明治24年には、青梅町（現青梅市）の有志を中心に青梅鉄道の布設が具体化した。これも、同町日向和田の石灰石の開発が目的とされている。

　このようにして、青梅鉄道会社が設立され、明治27年1月、布設工事に着工、同年11月、立川―青梅間、18．5キロメートルが開通した、創立の出願をしてから4年目であった。費用は、会社の27年度末決算によれば、12万1千9百35円62銭7厘とのことである。これら先人の偉業によって布設された鉄道は次第に延長されて、立川―奥多摩間24駅37・2キロメートルの現在の姿に至っている。

　前述のように、御岳―氷川間の鉄道延長の工事の着工は、昭和16年であるが、それより前、大正末期の日原の石灰石調査を行なっていた浅野セメント会社が、昭和2年この石灰資源の開発を計画するに至ってから急速に鉄道開発の問題が具体化してきた。それまでは青梅氷川の中間、現在の御岳駅までは鉄道開発の見込ではあったが、御岳以西は峻険な地形からして、この見込みは、全く立っていなかったのである。

　『奥多摩郷土小誌』の記述によれば、奥多摩工業株式会社の沿革に「多摩川上流日原川の石灰岩を開発するため、昭和12年6月、資本金3百万円で創立し（昭和39年）、5億7千6百万円」となっている。古くは浅野セメント会社が大正の末期より石灰岩調査を行ない、昭和2年、当時氷川町日原地区の山林133町2反6畝を買収し、買収契約にあたって、10か年以内に、鉄道の終点御岳から氷川迄鉄道を建設するという条件があり、社名も「奥多摩電気鉄道株式会社」といい、「1、鉄道の敷設。一般旅客、および貨物の運搬。2、石材類の採掘、および販売の両者を目的としていた」とあり、鉄道敷設を目的の会社が設立されたことにより、村が柔軟的な対応を行ったことが推測できる。

戦争中の難工事

　第2次世界大戦の様相はすでに始まっていた。軍部はこの年、有史以来の大動員を行ない、全国的に空前の応召兵が、秘密裡にかり出され、12月には太平洋戦争に突入した。すでに物資は厳重に統制されていた。物資の不足にプラスされて、労力の不足は増大するのみであった。工事用の資材はことごとく、再使用、再々使用が命題であった。釘、針金など、いく度もいく度も延ばし直して使用されていた。工事は梅田組、本沢組等の業者の請負で行われ、多くの朝鮮人労務者の手によって工事は進められ、難工事の中にも犠牲者の記録もなく昭和19年完工した。

　昭和19年、この時代に、待望の鉄道延長が実現できたのは、1つは軍需工業の関係から、製鉄副資材である石灰石の必要が急激に増大され、これに対応した国策によるものであろう。しかし、この国策遂行を最大限に活用し、郷土の発展に結びつけた為政者たちの先見と決断である。

小河内延長案

　この鉄道の延長は、地域住民の生活に革命的変化をもたらした。都心へのスピードアップは、町外への通勤、通学を容易にした反面氷川商業圏にも重要な変化を及ぼした。小河内、小菅、丹波山等は氷川商人の販路であったものが青梅町まで簡単に往復できるようになると、3か村の人びとは、氷川商人の仕入先である青梅まで出かけて、直接物資を購入するようになったからである。

　観光面への寄与は改めて記すまでもないが、この青梅線が一時氷川から水根まで延長された時期がある。昭和27年、小河内ダム建設のための資材輸送専用のためである。昭和30年、古里、氷川、小河内の町村合併の推進のため設置された合併協議会では、ダム建設終了後は、旅客用として、これを利用する構想も打ち出されたが「実現すれば、氷川駅前の商店街が打撃をうける」などの反対論が諸々にあがった程度で、ダム完成後は利用のすべもなく、鉄路は錆びて草に埋もれている。奥地に鉱物資源の開発は目論めずとも、観光資源の豊富さを考えるとき、この鉄道が、再び陽のあたる日を期待したいものである。

熊川、東秋留、秋川、武蔵引田、武蔵増戸

くまがわ、ひがしあきる、あきがわ、むさしひきだ、むさしますこ

熊川駅：開業年▶昭和6(1931)年5月28日　所在地▶東京都福生市大字熊川738-5　ホーム▶1面1線(地上駅)　キロ程▶1.1km(拝島起点)
東秋留駅：開業年▶大正14(1925)年4月21日　所在地▶東京都あきる野市野辺458　ホーム▶1面2線(地上駅)　乗車人数▶4,816人　キロ程▶3.5km(拝島起点)
秋川駅：開業年▶大正14(1925)年4月21日　所在地▶東京都あきる野市油平49　ホーム▶2面2線(地上駅(橋上駅))　乗車人数▶7,253人　キロ程▶5.7km(拝島起点)
武蔵引田駅：開業年▶昭和5(1930)年4月4日　所在地▶東京都あきる野市引田16　ホーム▶1面1線(地上駅)　乗車人数▶3,538人　キロ程▶7.2km(拝島起点)
武蔵増戸駅：開業年▶大正14(1925)年4月21日　所在地▶東京都あきる野市伊奈837-2　ホーム▶2面3線(地上駅)　乗車人数▶2,634人　キロ程▶8.5km(拝島起点)

五日市鉄道時代に誕生した熊川駅と東秋留駅。増戸駅は「武蔵増戸」に 西秋留駅は「秋川」に。病院前駅は「武蔵引田」に駅名を改称

東秋留駅の木造駅舎。駅の待合室を道路(町道)が通っていた。車両通行止めの標識があるが自転車は通行できた。

熊川-東秋留間の多摩川鉄橋を渡るキハ04形。

五日市線は電化される前はキハ04形気動車が1両で走っていた。拝島-熊川間。

木造の西秋留駅。1987年に秋川に改称された。橋上化されたものの、駅前の桜の木は健在である。

武蔵増戸駅に到着するクモハ41-クハ55の2両、60年代後半は20m3ドア車が運転。

木造の武蔵増戸駅。現在はコンクリート打ちっぱなしの駅舎に改築された。

熊川ー東秋留間の多摩川鉄橋（460m）を渡る五日市線の
キハ04形気動車。昼は1両で間に合う閑散線だった。天気
がよければ奥多摩の山々や富士山がよく見える。

撮影：小川峯生

五日市線 ▼ 熊川、東秋留、秋川、武蔵引田、武蔵増戸

1960年（昭和35年）

市史に登場する五日市線

COLUMN

秋川市史より抜粋

五日市鉄道会社創立

　五日市鉄道株式会社の創立総会がひらかれたのは、大正11年（1922）の5月で、青梅鉄道の開通におくれること30年、このころ、青梅鉄道は既に2呎6吋のトロッコ鉄道から3呎6吋の常軌に拡幅（明治40年実施）されていたし、二俣尾までの路線延長を果たし、電化の計画まですすんでいた（大正12年4月、完全に電化運転した）。

　このような状態を見るにつけても、秋川谷に鉄道をひいて生活を便利にすると共に文化的恩沢に浴したいというのは、この地方に住む人々の素朴な願望だった。ところが、経済上の客観的状況はそう簡単なものでなく、苦心惨胆の日日が、準備期間から開業後までつづいたということである。

　この事業の中心になったのは、大正5年（1916）に秋川水力電気会社を創立した人々で、秋川水電は檜原の一部から小宮、戸倉、五日市、大久野、増戸、平井、それにいまの秋川市域では多西地区も送電をうけて、電燈の下であかるい家庭生活が実現していた。このような実績を踏まえての企画だったから、地域を挙げての賛成ムードで、資本金100万円、50円払込み、株式2万株の割当ても消化できた状態で発足したのであった。

浅野セメント鉄道を牛耳る

　創立当初、地域住民多数の賛成を得て出資面の勧募も順調にいったかに見えた事業も、社会的不況と大震災の影響があって、いざ株金徴収の段階に至って、現実的な資金難に陥ったばかりでなく、工事費が予算を上まわる過重負担となった。「これじゃ、とてもやってゆけない」という声もおこり、事業放棄の危機さえもむかえた。発起人の1人である小机氏（五日市）の労苦は筆舌につくし難いものがあったと伝えられているが、この時に、「おれがひきうける」と顔を出したのが浅野セメントであった。浅野セメントをこの事業に誘致したのは、五日市鉄道創業者グループのかねてからの計画であり、大久野村（日の出町）の勝峰山石灰を原料とするセメント工場の建設を含みとした浅野側の参加は、はじめから予定されていたところであった。浅野側も勝峰山採掘には積極的意欲を示し、当初から1000株の出資を約束して役員の中に浅野泰次郎氏（のち惣一郎と改名した）の名を連ねている。工事途中で鉄道会社の財政が困難になると、さらに株式の半分である1万株をひきうけ、50万円を出資すると申し入れてきた。

　挫折しかかった五日市鉄道の事業はどうやら復活し、大正14年4月には全線開通、ドイツのコッペル社製山岳機関車が1日6往復（7月から7往復になった）、貨客混成連結の数台を牽引して秋留台地の原っぱを走った。

　当時、五日市の町では花火があがったり演芸があったり、盛大な開通祝賀会が挙行されたということである。

　鉄道は開通したが、会社役員の苦労はこの後もつづいた。露骨な言葉でいえば、浅野セメントの紐つき路線、営業上の発言権はセメントが握ったのだから青梅線同様「石より人が安くみえ」てもやむを得ない。

　その上、五日市から大久野の採石現場に至る引き込み線の敷設、原石山買収の折衝、土地収容の問題など現地住民の感情や利害がからんでくる面倒な事項の交渉と責任はすべて鉄道側に押しつけてきた。採掘権の問題では地元側の反対による裁判沙汰がおこり、立退き拒否に対する強行執行がもとで暴力事件も発生した。そして小机坂の急勾配をのぼるため牽引用と後押し用、2台の機関車による運行を採用する考案など、すべてが鉄道会社の責任によって処理され、大正15年に大久野線は完成し、浅野セメントは昭和4年から本腰を入れて勝峰山の石灰採掘を開始した。

　青梅鉄道といい五日市鉄道といい、実利実益はセメント会社が握ったことになり、運営面は大企業にふりまわされた結果になったことは半ば以上認めねばなるまい。しかもまた、青梅鉄道の営業成績累年比較表をみると、石材貨物が収益中の優位を占めるようになるのは、開業後10年の明治36年になってからであった。五日市鉄道の場合も石材輸送が会社をささえるようになるのは数年後と思われる。この間も鉄道会社の苦難はつづいたのであろうが、浅野セメントとしても「将来大きな成果をあげるための犠牲は前もって払ってある。だからつぶれかかった鉄道を援助したのだ」──企業の当事者はそういうかもされない。

秋留っ原の五日市鉄道

　大正12年に、この付近12か町村で、阿伎留病院組合を設立し、西秋留の引田に病院が開業されたので、間もなく「病院前」（現武蔵引田）という駅が新設され、さらに熊川駅（福生市域）も設けられた。昭和5年、五日市鉄道は、青梅鉄道の路線の南側に軌道をひき立川まで延長した。立川駅の6、7番ホーム、現在南武線が発着しているところから五日市行は出発したのである。同時に40人乗りのガソリンカーの運転を開始したが、戦時中油不足でまた蒸気機関車に戻った。

　戦争のはじまった昭和16年、五日市鉄道は南武鉄道（これも川崎へ石灰石をはこぶ路線）に買収され、大正11年以来の社名は消滅した。創始時代にかかわりをもつ人々にとっては感慨多き痛惜の思いが深かったであろうが、それどころではない戦時での国情がそうした感傷を圧殺した。

　昭和19年、戦争苛烈の最中に、青梅鉄道が国有化され、南武鉄道も日本国有鉄道に買収されたから国鉄（まだ国電とはいわなかった）青梅線、南武線、五日市線の名が、ここに正式にはじまった。しかし、このことは乗降客や地元民にとってはあまり大きな問題ではなかった。それよりも、戦争末期の昭和20年、アメリカの艦載機がしきりに日本本土を襲撃し、西多摩地方も散発的ではあったが攻撃の対象になった。7月28日五日市線が空襲の目標になり機銃掃射をうけた。熊川鉄道の上で連結を切断されバラバラになって立往生する列車ができたり、西秋留駅では日通社員が殉職されるという痛ましい出来事さえおこった。

むさしいつかいち

武蔵五日市

開業年 ▶ 大正14（1925）年4月21日　**所在地** ▶ 東京都あきる野市舘谷台16　**ホーム** ▶ 1面2線（高架駅）　**乗車人数** ▶ 4,528人　**キロ程** ▶ 11.1km（拝島起点）

大正14年、五日市鉄道の五日市駅として開業。当時は終着駅 すぐに武蔵岩井駅まで延伸。後に廃止となり、現在は再び終着駅に

高架化されるずっと以前の武蔵五日市駅。人里行のボンネットバスが停まっている。

1966年（昭和41年）

提供：東京都

地上駅時代の武蔵五日市駅。武蔵岩井へは折り返すためホームは行き止りの頭端式。休日運転の101系快速「あきがわ」が到着するところ。

1981年（昭和56年）

撮影：隅田 衷

1971年（昭和46年）

1971年2月1日から氷川駅は奥多摩駅と改称、五日市線武蔵五日市－大久野－武蔵岩井間が廃止された。それを告げるポスター。

撮影：山田虎雄

五日市線の終点、武蔵岩井。ホーム1本だけの寂しい駅で、朝夕だけの運転だった。クモハ40が1両で往復した。1971年1月末日限りで廃止。

廃止直前の武蔵岩井駅の時刻表。電車は朝だけ運転でクモハ40が1両で往復。武蔵五日市ー武蔵岩井間は1971年1月末限りで廃止された。

撮影：荻原二郎

五日市線▼武蔵五日市

町史に登場する五日市線

COLUMN

五日市町史より抜粋

五日市鉄道の建設

明治中期以後、五日市地区の人々が上京するルートは2つあり、1つは八王子まで徒歩ないし馬車（川口村今熊より発着）か、人力車で行って、そこから甲武鉄道（現在の中央線、明治22年8月新宿ー八王子間開通）に乗る方法、もう1つは福生まで同じく徒歩か人力車でゆき、青梅鉄道（現在の青梅線・明治27年11月青梅ー立川間開通）に乗り、立川で甲武鉄道に乗り換える方法である。

『寛一郎日記』によれば、明治末期、中学生の寛一郎は主に第1のルートで東京と五日市の間を往復し、時には八王子から徒歩で帰宅することもあった。既に材木商を営んでいた大正3年の日記には「八王子よりゴム輪で帰る。」と書かれた箇所がある。ゴム輪の人力車は当時普及し始めたばかりで珍しく、高いけれど乗り心地がよかったとみえ、特記したのであろう。

鉄道会社の設立

大正10年に到り、ようやく五日市鉄道株式会社が設立され、宿願の鉄道敷設が軌道に乗った。これは従来の案と違って大久野ー五日市ー拝島間に蒸気機関車を走らせ、拝島駅において青梅鉄道に連絡させる計画である。なお五日市ー大久野線の目的は勝峯山の石灰石にあり、できれば浅野セメント工場を誘致する企画を含んでいた。

青梅鉄道が石灰石運搬を重要財源としているのにヒントを得た方法で、夢の電気鉄道より、はっきりと現実の基盤に立った計画であった。

路線の決定

路線の決定については、五日市・伊奈・代継・雨間・野辺と五日市街道に沿って集落近くを走る線と、東秋留より平井川沿いに大久野に入る線と2つの案があり、双方の住民が互いに自分の側に誘致しようと競ったという話が残っている。小机家に保存されている建設記録にはアメリカ帰りの工学士曲尾技師の意見書が採用されたとある。それによると、曲尾は増戸横沢より一直線に拝島へ通ずる現行路線（北線）と、その南側東・西秋留の人家に近く走る南線の両者を想定し、比較検討した結果、経済性、安全性それぞれにまさる現行の北線を推奨している。大久野線も、現行線の外に落合方向から引込む案もあったが、検討のうえ、捨てられている。なお路線工事上の最大難関は多摩川の架橋で、建設総経費の4分の1を予定し、工事関係者の最も心血を注いだ箇所であった。

一方、もう1つの問題点は、大久野線小机の急勾配で、このため、特に小型で馬力の強いドイツの山岳用機関車が採用され、牽引、後押しと2台の機関車が用いられた。なお、拝島ー五日市間に東秋留・西秋留・増戸の3駅を設けたが後に阿伎留病院のために「病院前駅」（現武蔵引田駅）が追加された。

浅野セメントとの関係

五日市鉄道株式会社の出発点に当たって、浅野セメント会社とどのような話合いがなされていたのか不明である。契約書類が一切ないところをみると、援助について了解事項はあったとしても、多分に流動的なものと想像される。

五日市鉄道側の期待するところをいえば、当時、川崎に工場をもち、石灰石を搬入していた浅野セメントに大久野村の石灰石を売る。そして、出来ればそろそろ公害問題を起こしていた川崎工場を大久野に誘致する。その見返りとして、鉄道建設資金を仰ぐという計画であった。

結果的にみて、この期待は実現した。しかし事の経過をみると、五日市鉄道幹部は終始ほんろうされている。所詮大資本の鋭利な冷酷さは、地方の小事業家の歯の立つところではなかった。

契約には重役2名の送り込みと、石灰山をふくむ大久野地区の土地買収の責任の一切を、五日市鉄道が引き受けるというなかなかに辛い付帯条件が付いていた。

これで難行した対浅野交渉も一応形がつき、セメント工場の誘致も目安がついた。苦難の鉄道建設も、どうやら最後のゴールにたどりつくことができたのである。

青梅鉄道との関係

青梅鉄道交渉であるが、ここにも巨大企業にあやつられた弱小な田舎企業のあわれともいえる相剋の姿をみることができる。人口、産業ともに優秀な北部の青梅鉄道は、その有力財源として奥多摩の石灰石をもっていた。これを浅野に売っていたのである。そこに同じく石灰石を売りものとする五日市鉄道の開通はライバルの出現ということになる。現に、浅野は五日市鉄道の建設がはじまるや、1トン50円で購入していた原石を、その半値に引き下げるよう青梅鉄道側に圧力をかけている。

青梅鉄道が、大久野村の大地主某の持ち山を手に入れたのはその頃で、これは五日市鉄道と、浅野セメントの共同事業に対する大変な妨害工作を意味した。結局、さんたんたる交渉の結果、五日市鉄道は高い言い値で買い取ったという話である。

また、五日市鉄道は開通後しばらくの間、青梅線拝島駅に直結できず、熊川寄り200メートル程の雑木林の中に乗降場を設けた。接続に関する問題についても、青梅鉄道は必ずしも親切な兄貴ではなかったといわれている。

山田 亮（やまだ あきら）

1953（昭和28）年生まれ、慶應義塾大学鉄道研究会ＯＢ、慶應鉄研三田会会員、神奈川県庁勤務、鉄道研究家として鉄道と社会とのかかわりに強い関心を持つ。
昭和56年、「日中鉄道友好訪中団」（竹島紀元団長）に参加し北京および中国東北地方（旧満州）を訪問、平成13年、三岐鉄道（三重県）創立70周年記念コンクール訪問記部門で最優秀賞を受賞（この作品は月刊鉄道ジャーナルに掲載）、現在は月刊鉄道ピクトリアル（電気車研究会）などに鉄道史や列車運転史の研究成果を発表。著書に『相模鉄道、街と駅の一世紀』(2014、彩流社)、『上野発の夜行列車・名列車、駅と列車のものがたり』(2015、JTBパブリッシング)、『JR中央線・青梅線・五日市線各駅停車』(2016、洋泉社)がある。

【地図解説】
生田 誠、常田公和

【写真撮影】
岩堀春夫、裏辻三郎、太田正行、小川峯生、荻原二郎、奥野 中、隅田 衷、高木堯男
高野浩一、高橋義男、竹中泰彦、長渡 朗、中西進一郎、宮崎 延、安田就視、山田 亮
山田虎雄

【写真提供】
荻原俊夫、山田和彦、東京都、青梅市郷土博物館、立川市歴史民俗資料館
川崎市市民ミュージアム、横浜都市発展記念館

1998年（平成10年）撮影：山田 亮。
南武線南多摩駅付近を走るEF64（1000番台）牽引の石灰石輸送列車。

南武線、鶴見線
青梅線、五日市線
1950〜1980年代の記録

発行日　　　　　　　　2017年3月5日　第1刷　　※定価はカバーに表示してあります。

著者　　　　　　　　　山田 亮
発行者　　　　　　　　茂山和也
発行所　　　　　　　　株式会社アルファベータブックス
　　　　　　　　　　　〒102-0072　東京都千代田区飯田橋 2-14-5　定谷ビル
　　　　　　　　　　　TEL. 03-3239-1850　FAX.03-3239-1851
　　　　　　　　　　　http://ab-books.hondana.jp/

編集協力　　　　　　　株式会社フォト・パブリッシング
デザイン・DTP　　　　柏倉栄治
印刷・製本　　　　　　モリモト印刷株式会社

ISBN978-4-86598-822-2 C0026
なお、無断でのコピー・スキャン・デジタル化等の複製は著作権法上での例外を除き、著作権法違反となります。